다시 봄동산에 서다

이순옥 시·수필집

다시 봄동산에 서다

이순옥 시·수필집

책마을

머리말
있는 그대로를 내보이는 용기

고희를 넘긴 지 여러 해가 지났습니다.

뒤돌아보니 삶의 마디마다 피할 수 없는 크나큰 소용돌이를 거치고 거쳐 여기까지 왔습니다.

어릴 때 6·25사변을 겪었고, 이후 경북여고 2학년 땐 2·28 학생운동에 참가했습니다. 교복에 흰 칼라, 검은 머리 두 갈래로 묶고 흰 선 두른 검은 치마를 입은 풋내기 여고생 시절. 우리는 교문을 박차고 나가 수성천변으로 우르르 달려갔습니다. 억압된 정부에 항거하면서 민주주의를 위해 "대한민국 만세!"를 외치며 뛰어갔습니다. 그때는 경찰들이 몽둥이를 들고 뒤쫓아 와도 정의에

불타올라 무서운 줄도 몰랐습니다. 2·28 학생운동이 온 천지에 퍼져 잠든 의식을 깨우기 시작해 3·15 부정선거 항거와 4·19혁명을 지나, 5·16군사혁명을 거치고, 민주화 운동을 지나왔습니다.

위로 오빠 둘 아래로 남동생 둘 사이에 낀 외동딸로 자란 탓에 난 항상 응석받이였습니다. 빠듯한 집안 형편에 맏오빠와 둘째오빠가 서울로 대학을 가니 나는 대구교대로 가야했습니다.

교대를 졸업하고 교직에 발을 들여 몇몇 학교로 전

근을 다녔는데 유독 J학교에서는 너무도 적응하기 힘들었습니다. 교감선생이 일일이 간섭해 못 견디겠습디다. 집에 와서 투정을 부렸습니다. 듣다 못한 어머니는 직장을 그만두라 하셨고, 아버지는 "지금 그만두면 영영 직장엔 못 다닐 줄 알아라." 하시며 따끔하게 일침을 놓으셨습니다. 정신이 번쩍 났습니다. 교감의 질타쯤이야 견뎌내야겠다는 생각이 들었습니다.

교직생활 41년 동안 어려움이 있을 때마다 아버지의 그 말씀을 떠올리며 이겨냈습니다.

남에게 지기 싫어 아등바등 살아온 지난 나날이었습

니다. 못나고 부족했기에 가슴에 응어리진 게 많았고, 그래서 풀어야겠다는 생각을 했습니다.

  부족하고 서투른 사람이 쓴 글입니다. 그러다 보니 정돈되지 못했을 뿐만 아니라, 10여 년 세월에 걸쳐 쓴 글을 한곳에 담은 터라 현실과 거리가 있을 수도 있고, 일관성이 없을 수도 있습니다. 그렇더라도 한곳에 모아 간직하고 싶었습니다.

  이제는 노을 진 들녘에서 옆지기와, 가족들과 함께 오순도순 감사하며 살아야겠다고 다짐을 합니다.

이제껏 살아오는 동안 하나님이 구원해주신 것에 감사합니다. 내게 주신 성공이나 실패 등 모든 것은 나를 성장시키는 원동력이었습니다. 참된 소망 주심을 감사하게 생각합니다. 여기까지 온 것도 하나님의 은혜입니다.

속으로만 차오르던 어설픈 글감들을 뽑아내어 매만질 수 있도록 용기 주고 지도해주신 소설가 손희경 선생님께 감사를 드립니다.
오랫동안 써왔던 일기장을 한 아름 싸안고, 뒤늦게 문학공부를 하겠다면서 처음으로 영천에 있는 선생님의 작업실에 갔던 날이 떠오릅니다. 십 수 년 전에 교장으로

있다가 정년퇴임한 바로 그 영화초등학교 옆이었지요. 그렇게 시작해 근 1년간 영천을 오간 기억들이 새롭습니다.

끝으로 묵묵히 지켜봐주며 말없이 격려해준 남편과, 백지에 아무렇게나 써놓은 원고를 하나하나 컴퓨터에 옮기는 작업을 도와준 딸 성지와 수민에게 감사의 마음을 전한다. 서툴러서 제대로 표현 못한 사랑도 함께 넌지시……

2020년 5월

화려하고 쓸쓸한 봄날 **이 순 옥**

‖목차‖

머리말 / 있는 그대로를 내보이는 용기 ― 4

제1부
하중도 흐르는 어여쁜 시간

아름다운 순간 ― 18
하중도 흐르는 어여쁜 시간 ― 20
생이별 ― 22
보낸 적 없지만 ― 24
풍경 스케치 ― 25
홀로 남은 시간 ― 26
첫추위 ― 27
동장군에게 ― 28
팔공산온천 ― 29
눈꽃밥 ― 30
마지막 인사 ― 32
당황스런 만남 ― 34
낙산사의 밤 ― 38

||목차||

제2부

삶을 춤추다

친구 만나러 책 속으로 간다 ― 40

사랑해 풍상씨, 힘내 분실씨 ― 46

삶을 춤추다 ― 55

U-20 월드컵 준결승 ― 63

좋은 사람과 함께라면 무엇이든 아니 좋으리 ― 66

여성의 성공엔 어떤 거름이 필요할까 ― 73

||목차||

제3부

누가 그녀에게 가시관을 씌웠는가

누가 그녀에게 가시관을 씌웠는가 ― 84

미란이를 추억함 ― 91

무지개를 찾는 사람 ― 95

포기하지 않고 외면하지 않고 ― 103

헝가리 유람선 침몰 사건을 보면서 ― 110

보이스피싱을 걱정하다 ― 114

부동산 유감 ― 117

‖목차‖

제4부
은행 알 통통

소낙비·1 ─ 124

명품 ─ 126

배냇짓 ─ 128

백암온천 ─ 130

별똥별 ─ 132

생일 ─ 134

열대야 ─ 136

은행 알 통통 ─ 137

소낙비·2 ─ 138

기막힌 이별 ─ 139

자갈치 풍경 ─ 140

풍선춤 ─ 142

다시 봄동산에 서다 ─ 144

버스 안에서 ─ 146

||목차||

제5부

기적을 베푸소서

피해도 안 되면 달래야지 ― 150

키 컸으면 좋겠네 ― 153

딸 이야기 ― 156

남편과 나 ― 162

서울 나들이 ― 168

역시 우리 엄마는 멋져 ― 172

제 보폭만큼 조금씩 벽 허물고 있습니다 ― 177

사랑하는 내 딸 수민아 ― 183

기적을 베푸소서 ― 186

||목차||

제6부

사노라면

이웃이야기
    교통사고와 치매 — 198
    친구 박 선생 — 203
    이모 — 208
    친구 Y — 214
    사노라면 — 219
    사다리는 올라갈 때보다
          내려오길 잘 해야 한다 — 223

예수님 동행일기 — 226
수덕사와 예당호 출렁다리 — 230
큰 바위 얼굴 조각공원 — 235

교장 재직 시

제1부
하중도 흐르는 어여쁜 시간

친구들과 하중도에서

아름다운 순간

해질녘 수성못 바람이 살갑다
세상을 얼마나 돌다왔나 저 바람
수면을 찰박거리며
조근조근 속삭이네
봄내음이 좋으냐

오리배 탄 연인들의 웃음소리에
팝콘이 터지고
화르르 벚꽃이 피네

하나 둘 불 밝히는 가로등
밤이 익을수록
맞잡은 손이 은밀하고
꽃들은 서로 엉켜
감미롭다

보름달 말갛게 떠오르니
차르르르 일어나는 은물결
번지다가 번지다가
주름진 할매 손등까지 반짝이네

하중도 흐르는 어여쁜 시간

파란 도화지에 하얀 물감 뿌렸나
요란하게 태풍 지나간 하늘에도
멀리 흰 구름 한 조각
두둥실 여유롭다
산들 불어대는 바람
소리 없이 흐르는 가을 금호강물

하양, 분홍, 자주색 코스모스
곱기도 하구나
가녀린 몸 휘저으며 우릴 맞는다
물으악새 무리지어 노래하고
반짝반짝 쨍쨍
가을햇살 따가운데
마음은 애드벌룬 되어 둥실 떠오르네

잘 익은 바람에 온몸 맡기고

좋은 벗들과 먹는 김밥
알알이 익은 먹포도
싱싱한 배
달디 단 가을이다

구수한 이야기 열두 고개
풀어 놓은 입담에
웃음꽃 필 때마다
가을이 익어 가고
함께 하는 우리의 시간도 익어간다
하중도를 흐르는 어여쁜 시간

하중도 : 대구광역시 북구 노곡동 금호강에 위치한 섬
　　　　면적 22만2000㎡.
　　　　2012년까지는 시민들이 채소를 무단 경작하는
　　　　용도로 쓰였지만 대구시에서 정비해
　　　　공원이 되었다.　유채꽃과 코스모스가 유명하다.

생이별

바람이 회오리치며
하늘로 치닫던 날
발을 헛디뎌 넘어졌네

남이 볼까 창피해서
얼른 일어났네
아픈 것도 참고
모른 척 걸었네

발 뼈에 금이 가서 반깁스 했네
교회로, 복지관으로, 담수학교로
직장인보다 바쁘던 일상
일시정지 되었네

깁스한 발에 개스트슈즈 신고 나니
외로이 남아버린

신발 한 짝
할 일 없네, 외짝 신발
외롭고 처량하네

생이별 끝내고 짝과 함께
땅 디딜 날 만 기다리네
손꼽아 기다리네

보낸 적 없지만

송아지 팔려가던 날
엄머 엄머 엄머
어미는 밤새 목 놓아 울었네
울 할배 뒤척이며 잠 못 드셨네
미안타 미안타 날 새면 따신 쇠죽 주꾸마

애지중지 내손으로 키운 외손자들
학교 보낼 때 되니
제 어미 직장 따라 멀리 데려가 버렸네
집도 텅 마음도 텅 세상이 비었네

세월 가니 모두가 떠나가네
젊음도 사랑도 떠나갔네
보낸 적 없는데 저 먼저 떠나갔네
빈 가슴 여미며 추억을 쓰다듬네
내 몫의 사랑이네

풍경 스케치

꾸룩꾸룩 구구구
비둘기 두 마리가 먹을거리 찾아
아파트 뒷마당을 살피네
아기가 흘린 과자 보고 친구 부르네

아장걸음 아기가 같이 놀자고
비둘기 꽁무니 따라다니고
비둘기들 포르르 장난질이 재밌다
용용 나 잡아 봐라

아기가 쫓아가는 만큼
비둘기 더 높이 푸드득
으앙, 엎어진 아기 울음소리에
놀라서 또 푸드득

홀로 남은 시간

TV속 자매는 백화점 쇼핑 중
앞집 내외는 나란히 마트 갔고
친구 월선이는 언니와 점심약속
영감은 날 버려두고 농장에 가버렸네

종일 방구석 지키며
리모컨만 만지작
거실이 이렇게 넓었나?
한없이 작아지는 나
깁스한 발만 커다랗다

더 이상 전화할 곳도 없다
건강하게 멀쩡하게
즐겁게 돌아가는 세상
울컥, 깁스에 갇힌 내 시간이 서럽다

첫추위

바늘바람이 마구 볼을 찔러대네
손으로 감싸도 소용없네
길거리 현수막이 춤을 추고
차들만 미끄러지듯 쌩쌩 달리네

한여름 숨 막히던 더위가 생각나네
차라리 그때가 좋았나?
간사한 요 마음에도 바람이 덮치네

내 젊음의 골목을 할퀴던 바람
삐걱거리는 오늘까지 따라와
머리 밑까지 파고드네
평생을 두고 다시 만나도
익숙하지 않네

동장군에게

살을 에는 바람이 쎄엥~ 쎄엥~
콧속으로 훅 파고드는 칼바람
두 손 마다마디 꽁꽁
뺨은 얼얼 따끔

따뜻한 이불 밑에 드니 발이 욱신욱신
일어서니 허리, 무릎이 우두둑우두둑
바늘로 온 몸을 콕콕 쏘시는 듯
뼛속이 녹았다 풀렸다 찌릿찌릿

동장군아, 어서 물러가거라
삐거덕거리는 몸 좀 추스르고
마스크 머플러 내던지고
가뿐하게 마음껏 활보 좀 하자

팔공산온천

골짜기마다 흰 눈 소복소복
햇살도 떨고 있는
산모롱이 돌아 돌아

움츠러든 육신 온천물에 담그니
몸 풀리고 마음 풀려
맑갛게 본심이 드러나네

가릴 것 없고 감출 것 없이
마주 앉을 친구 있으니
바나나도 꿀맛
수다도 꿀맛
맛있는 온천 나들이

눈꽃밥

밤새 세상이 눈꽃으로 옷 바꿔 입었다
솜사탕인양 포근하다
바람 불 때마다 무너져 내리는 꽃들이
유년의 기억 속으로 흩어진다

장독 위에 쌓여있는 새하얀 꽃밥
한 그릇씩 퍼 담아
사카린으로 맛을 내어 먹곤 했지
간식이 흔치 않았고
하루 세끼 밥이 힘들었던 시절
밤사이 누군가가 도깨비방망이 되어
자고나면 눈꽃 대신 이밥이 쌓여 있었으면
소망은 늘 간절했다

지금은 자연도 마음도 오염되어
독이 된 눈꽃밥

깨끗하고 맑았던 유년의 눈꽃마냥
순도 100%의 순수시절
다시 올 수 있을까

솜사탕 같은 뽀얀 이밥
켜켜이 쌓여도
더 이상 사카린이 필요치 않네
꿈도 소망도 다 시들어 버렸네

마지막 인사

큰조카 중수는
건장한 체격에 인물도 수려했다
학벌 좋고 직장 좋아
예쁜 교사 아내로 맞아
여러 자녀 두고 행복했다.

IMF 때 직장 나와 방황하다
사주명리 배우더니 남의 운명도 안내해주었다

느닷없이 찾아온 대장암
몸무게 80kg이던 조카는
열 번 배 절제하고, 항암주사 50여 차례
투병생활 8년 만에 30kg되었다

너무 아파 참을 수 없어요
극심한 고통을 못 이겨

작은아버지께 전화 했지만
고통의 무게 덜어 줄 방법 없어
같이 울었다

노모는 아들이 국수 먹고 싶다는 말에
눈물로 국수, 수육 준비해
한달음에 서울 병원으로 내달렸다
이놈아, 얼른 일어나라 내 앞에서 이게 뭐꼬

산소 호흡기에 숨을 의지한 생
50여 일 곡기 놓더니 저세상 갔다.
영정 사진만 싱긋이 웃고 있다

긴 병 수발에 큰 질부 눈물도 말랐다
3일 만에 한 줌 가루로 아버지 옆에 누웠다
큰 조카, 하늘나라에선 부디 고통 없이 사시게

당황스런 만남
-코로나 19

31번 확진자가 나온 이후
대구 경북이 몸져누웠네

여기저기 속출하는 환자들
신천지교회 신도들에 인해
대구 청도는 코로나19가 급속도로 퍼지고
모두들 집콕, 방콕 조심조심 몸 사렸네
눈앞이 캄캄했네

마스크 없이는 밖으로 못 나가니
마스크 사려는 사람들이 줄줄이 늘어섰고
면역력 약한 어르신들
바이러스와의 싸움이 힘겹기만 하네

학교 교회 절 노래방 술집
사람 모이는 모든 곳은 문을 닫았네

난생 처음 당하는 일
거리엔 자동차가 사라지고
인적이 끊겼네

바이러스만 소리 없이
사람들을 덮치네
외국인들 입국 막아라,
청와대 게시판이 난리 나고
온 세계가 코로나19로
전쟁을 치르네 죽어가네

119구급차, 의사, 간호사, 간병인, 자원봉사자들
방역 최전선의 영웅들
대구를 살리러 몰려왔네
그들의 피땀이 대구를 밝히네
시민들의 협조가 빛을 발하네

전국에서 쏟아지는
응원과 도움의 손길
코로나19와 전쟁 중에도
가슴 뭉클한 감동 이어지네

의료진들의 고생
방역당국을 믿고 협조하는 시민의식
내 일같이 돕고 나서는 전국의 따뜻한 손길
숭고한 땀방울이 대구를 구했네
하늘이 도왔네

겨우 전쟁에서 승리했나 싶은데
이번엔 코로나 보릿고개
시장 가게는 여전히 문 닫혔고
거리는 한산하여 을씨년스럽네

얼마나 더 싸워야
코로나19를 이길까
얼마나 더 살얼음 위를 걸어야
고약한 바이러스가 사라질까

참아야겠다
허리띠 졸라매고 참아야겠다
협조해야겠다
모두 하나 되어 코로나 19
이겨야겠다

물러가라 코로나19
힘내라 대구
힘내라 지구촌 이웃들이여

낙산사의 밤

낯선 여관방
잠 못 이뤄 뒤척이네
멀리 새까만 저 바다도
불면에 뒤척일까

인기척 없는 거리
화들짝 선잠 깨우고 달아나는 트럭소리
다시 찾아드는 불면이 막막하네
동 트면 바다도 부산하겠지

무심히 단잠에 든 남편을 보네
돌아누운 등이 슬프네
지난날 푸르른 열정
찾아 볼 수 없네

제2부
삶을 춤추다

시누이 내외와 함께

친구 만나러 책 속으로 간다

　책은 나에게 또 다른 세상이다.
　책은 삶의 길 위에서 만난 속 깊은 친구이자 훌륭한 조언자다. 결코 나무라거나 핀잔주지 않으면서 은근히 다가와 따뜻하게 손잡아준다.
　어느 책을 통해선 과거를 드러내는 용기와 함께 단호한 아버지의 훈육법에 감동을 받았다. 또 어느 책에선 곱고 아련한 그리움을 만나기도 했고 또 어느 책에선 때밀이를 자처한 한 인간의 삶을 통해 '자신과의 약속'을 지켜 나가는 모습을 보면서 감동과 친밀감을 동시에 느끼기도 했다. 그러니 작품 한편한편 마다 독특한 인간 유형을 만난다는 말이다. 그들 모두는 독서를 통해 나에게로 온 귀한 친구들이다.

『블루베리와 눈 맞은 초보 농사꾼』이란 책에선 수필 「아버지, 막걸리 잔 속에 구들장이 뜹니다」란 작품이 특히 끌렸다.

"아버지 오늘따라 막걸리가 입에 짝짝 붙습니다. 한 잔 쭉 들이켜 보시지요."

작품은 부모님 산소 앞에서 동생부부와 저자부부가 성묘하면서 막걸리 올리는 것으로 시작한다.

대학교 입학하던 해, 아버지가 양조업을 하셨는데 가족 모두가 첫새벽에 일어나 일을 도왔다.
나도 가끔 나무술통을 자전거에 싣고 오지로 배달을 했다. 그런 날은 주점에서 만난 사람들과 잔을 기울이기 일쑤였다.
그 재미에 한창 빠져있던 여름방학 어느 날, 늦게까지 술을 마시고 있는데 어머니가 술집 담 너머에서 나를 지켜보면서 "창수와, 고만 온네이. 그만 마시고 집에 가자."하며 애를 태우셨다. 그래도 막무가내로 새벽까지 술을 마시고 혼미한 정신으로 집을 겨우 찾아갔다. 비틀거리며 오는 것을 본 어머니께서 노발대발하셨지만 귓등으로 듣고 내 방으로 갔다. 순간 눈앞의 광경에 술이 확 깼다. 내 방 구들장이 몽땅 파헤쳐져 있었다. <중략>

"대가리에 소똥도 안 벗겨진 놈이 공부는 안하고 밤새도록 술만 퍼마시니 커서 뭐가 되겠노. 니는 술만 있으면 되지 잠도 안자는 방이 무슨 필요 있노. 아버지가 니 방 없앴다."<중략>

그날 파헤쳐진 구들장은 아버지를 대신해 내 가슴 속에 지금도 여전히 살아있다.

작품을 읽는 동안 아버지의 훈육방법에 나도 정신이 번쩍 들었다. 저자를 단번에 정신 차리게 한 아버지가 존경스러웠다. 자식 낳아 키워 봤으니 부모의 속을 이해하고도 남지 않는가. 방 구들장을 깨어버림으로써 오히려 인생의 구들장을 단단하게 놓아 주신 아버지. 그렇게 철없던 자식이 칠순 되어 산소에서 부모님께 막걸리 올리며 뜨겁게 그날의 아버지를 껴안는 이가 어느새 내가 된다. 그 추상같던 아버지, 애태우던 어머니, 말 안 듣던 아들이 모두 내게로 와서 내가 되었기 때문이다.

국화주

병병이 국화주 채우네
당신을 생각하네

어느 해인가
감국 한 아름 꺾어다가
먼 산 보는 척
토라진 나에게 안겨주던 당신

할 수만 있다면 아껴 두었다가
당신 곁에 가는 날
그날의 향기 떠올리며
잔 채우고 싶네

이보소
차라리 오늘 밤
꿈길 밟아 내게로 오소

-강귀중의 시 「국화주」 전문
『이팝꽃, 뽀얗게 핀 그리움』에서 발췌

80대 할머니 시인이 쓴 이 시는 읽을 때마다 그리움으로 담근 술을 병병이 채우고 있는 결 고운 여인이 내게 다가온다.

『다시 누군가의 등을 밀어 주고 싶다』에서 만난 저자 최성환 씨와는 마음의 손을 맞잡고 공감을 나누는 친근한 친구가 되었다.

교통사고로 다리와 발목이 분쇄골절 되고 뇌진탕을 일으켜서 한 달반 동안 사람을 거의 못 알아봤다. 후유증으로 장애판정을 받았다. 120일 만에 퇴원은 했으나 통증이 심해 오래 통원 치료를 받아야 했다. 사우나와 찜질하는 것이 물리 치료하는 것보다 더 효과적이라는 말을 듣고 열심히 헬스와 사우나를 다녔다. 다친 다리와 허리의 근육을 키우기 위해서다.

그렇게 빠지지 않고 목욕탕을 다니다 보니 매일 누군가의 등을 밀어주게 되었다. '이렇게라도 해서 죽은 후에 지옥 같은 곳에 떨어지지 말아야지' 생각하며 피식

웃기도 했다. <중략>

언제부턴가 남의 등을 밀어주는데 내 마음의 때를 벗기고 있음을 느낀다. <중략>

교통사고, 투병생활, 장애판정… 끝나지 않은 육신의 고통 등이 나를 조금이나마 성숙한 길로 안내한다.

-최성환의 수필 「쓱쓱, 다시 누군가의 등을 밀어주고 싶다」 중 부분 발췌

이 책을 통해서 최성환 교장의 때밀이 봉사가 자신에게 어떤 의미와 보람을 줬는지 실제와 같은 느낌이 나에게도 고스란히 스며들어 왔다.

이 모든 것이 독서를 통해 일어난 일이다. 그러니 독서란 새로운 만남이요 감동이다.

이따금 지인들에게 읽은 책을 권할 때가 있다. 독서를 통한 각별한 만남을 지인도 함께 느꼈으면 좋겠다는 마음에서다. 그 만남을 통해 공감하고 배우면서 가슴 따뜻해지고 삶이 깊고 넓게 확장됨을 함께 맛보고 싶다.

사랑해 풍상 씨, 힘 내 분실 씨
- '왜 그래 풍상 씨'를 보고

얼마 전에 종영된 KBS 2TV 수목 드라마 '왜 그래 풍상 씨'를 무척 재미있게 보았다.

내용도 바로 나 또는 내 이웃의 익숙한 이야기이고, 배역 맡은 사람들의 연기 또한 훌륭했다. 등장인물 하나하나 개성이 독특했고 배우들의 연기 또한 생생하게 살아 있었다.

이풍상과 그의 동생들, 이풍상의 아내 간분실 등 친근하게 살아있는 인물들을 다시 한 번 짚어봄과 동시에 간분실 역을 맡았던 신동미의 강연 소감을 풀어 보기로 한다.

풍상 씨, '내 동생들 건들지 마!'

 카센터를 운영하는 풍상 씨, 동생 넷을 다 업어 키웠다. 어머니가 형제들을 버리고 재혼하는 바람에 고등학생인 풍상 씨가 가장으로서 동생 넷을 돌본 것이다.

 공업고등학교를 졸업하고 카센터에 취직하여 허리띠를 조르고 졸라 지금의 작은 카센터를 운영할 수 있게 된 것이다. 자신을 위해 살기보다는 가족 전체를 보면서 내가 무너지면 다 죽는다는 생각을 하며 일단 앞만 보고 달렸다.

 하지만 쉽지 않다. 자신에게는 가슴 아픈 동생들이지만, 아내 입장에선 그렇지 않았나 보다. 계속 동생들을 끼고 돌자 아내의 폭발이 시작되었다. 그 모든 것이 감당하기에 너무나 벅찬 현실이라 안타깝기만 한데….

 풍상 씨는 매일 격한 일을 하다가 간암에 걸린다. 동생들한테 못해준 것이 후회스럽다. 첫째 동생 진상이를 감정적으로 때린 적이 많았다. 진상한테 진심을 담아 사과한다. 엄마의 화풀이 대상이 자신이었는데, 자신도 진상이한테 화를 풀었다는 생각에 괴롭기만 하다. 엄마의 잘못된 행동을 항상 원망하고 살았는데, 이제는 자신의 잘못을 되짚어보며 괴로워한다. 진상이를 창고에 가둔 일, 간 이식을 위해 진상의 간을 달라고 한 것 등

등이 미안하고 또 미안하다. 진상의 마음을 헤아리고 보듬어줘야 했는데… 끝없이 미안해한다.

"인생은 한방이야"의 진상

진상은, '인생은 한방이야, 티끌모아 봤자 티끌'이라 말하면서 이름 그대로 진상 짓만 골라한다. 형 집에 얹혀살면서 형수 밑에서 세차 일을 도우며 근근이 살아간다. 멀쩡한 인물에 매일 무릎 나온 트레이닝바지 주머니에 손을 넣어 좌악 벌리고 목욕탕 슬리퍼를 질질 끌고 다닌다. 뺀질뺀질 말도 안 듣지만 말대꾸는 청산유수인 신용불량자다. 도박에 손을 대고 술집 아가씨한테 돈을 뜯겨서 형한테 많이 맞았다.

'정신 차려!'가 삶의 구호인 정상

둘째 동생 정상은 온 집안 식구들에게 정신차려를 외쳐대는 팩트 폭격기. 이란성 쌍둥이 중 언니다. 대학병원 의사로 형제 중 제일 모범생이었고 풍상 씨가 가장 아끼는 동생이다. 똑똑하고 논리적이며 냉정한 성격이지만 경우 바르고 차가운 매력이 있다. 바른 소리를 대놓고 잘해서 종종 식구들에게 상처를 주기도 한다. 풍상 씨의 자랑거리요 마음의 기둥이다.

"나 원래 이래"의 화상

셋째 동생 화상의 성격은 한 마디로 "나 원래 이래, 어쩌라고"다. 쌍둥이 중 여동생. 노는 것 좋아하고 돈은 막 쓰는 거라며 버는 족족 써버리고 사치한다. 애초에 공부는 취미도 없었고, 동생 외상이를 돌보며 집안일을 하느라 학교는 제대로 다니지 못했다. 성공한 정상이가 자신을 무시하는 게 분통터져한다. 자격지심과 열등의식을 갖고 있다. 잘난 정상을 편애하는 오빠 풍상 씨에게도 서운하고, 제대로 키워주지 않은 것에 대해 서러움과 한을 가지고 있다.

외상, "나 이용해 먹으려고 키웠어?"

넷째 동생 외상은 프로구단 입단을 앞두고 조직 싸움에 휘말려 어깨를 다쳐 야구를 그만 둔 지 석 달밖에 되지 않았다. 낮에는 카센터에서 차 수리 기술을 익히고 밤에는 대리운전을 뛰지만 늘 검은 조직의 유혹을 받는다. 그런 외상에게 아름답고 부유한 여자가 나타난다. 사별한 연상의 여인인데 서로 사랑하게 된다.

간분실, "너 네 식구들끼리 잘 살아!"

넷이나 되는 시동생을 자식처럼 키우고 거두고 손이

마를 새 없이 세차장 일까지 해가며 악착을 떨었다.

딸아이 뒷바라지도 못해 문제아가 된 것도 시동생들 때문이다. 아직도 빚에 허덕이며 맘 고생하느라 온갖 약을 먹는 것도 다 시동생들 때문이다. 그런데도 남편은 여전히 동생들 타령이다. 더 이상 견디지 못할 지경이 된 분실은 딸의 탈선으로 크게 충격을 받는다. 그래서 이혼하고 친정살이 하다가 전 남편 풍상 씨의 간암 소식을 듣고 달려와서 간호를 한다.

인간은 절대 변하지 않는다, 노양심

노양심은 풍상 씨 형제들의 엄마다. 인간은 절대 변하지 않는다는 진리를 온 인생으로 표현하는 여자다. 평생 본인의 쾌락과 안위만을 생각하며 불나방처럼 살아왔다. 모성애라는 단어는 알지도 못한다. 끝까지 자식들 뽕을 빼는 나쁜 엄마의 전형이다. 끝까지 개전의 정을 보이지 않는 가엾은 인간이다.

분실 씨의 가슴 아픈 아버지, 간보구

간보구는 풍상 씨의 장인으로 세탁소 영업을 놓지 못한다. 짠돌이면서도 꼬장꼬장한 노인이지만 분실 씨에게는 가슴 아픈 아버지다. 이름대로 간보고 먹는 것을 좋아한다.

 간 이식이 필요한 풍상 씨. 하지만 동생 넷이 형한테 간 주기를 꺼려했다. 그러다 결국엔 마음을 바꾸어 쌍둥이 동생들이 각각 간을 주기로 했다.
 나중에 두 쌍둥이 동생들이 간을 주어 이식에 성공했음을 알고 풍상 씨는 감사와 미안으로 뒤범벅된 회한의 눈물을 흘린다.
 풍상 씨, 간 이식이 잘 되어 가족 모두 나중에 늙어서까지도 행복하게 살아간다는 이야기다.

who are you? 신동미의 강연
"동미야, 참 잘 하고 있어."

 간분실 역을 맡은 신동미는 학창시절에 배우가 되겠다는 꿈이 있었다. 그래서 부모의 반대를 무릅쓰고 예고를 거쳐 예대를 졸업했다.
 신동미는 긴 무명의 시절을 견뎌 낸 의지의 여인이다. 단막극만 몇 십 편을 했다. 감독이 첫 주연을 맡겼을 때엔 소속사가 없어 다른 작품으로 옮겨 가야 했단다. 또 항상 '너는 누구니?'라는 질문을 자신에게 던진 단다. 그 때마다 그 질문의 답은 깊은 상처로 남았다. 결국 신동미를 절망의 바닥으로 내리눌렀다. 배우 신동미의 시작은 바로 그 바닥에서였다. 바닥에 닿아보니 앞으로 나아갈 길이 보였다. 단역, 단막극, 뮤지컬 등 닥치는 대로 했다.

뮤지컬 할 때 남편을 만났다. '이제 가슴 아픈 질문을 하지 않아도 돼.'하며 앞으로 나아가기 시작했다.

그런데 또다시 신동미를 아프게 하는 일이 생겼다. 임신이 되지 않았던 것이다. 정기검진차 병원에 갔더니 악성종양 즉 암이 자궁에서 발견됐단다. 하늘이 무너지는 느낌이었다. 결국 시험관 시술을 실패하고 수술을 하였다. 한없이 바닥으로 떨어지는 것 같았다. 연기도 잘 되지 않아 '내가 길을 잘못 택했나?' 하는 생각을 수없이 했다.

그러던 차에 수목 드라마의 '왜 그래 풍상 씨'의 주인공 역할이 주어졌다. 일생일대의 기회였다. 너무 신났으나 그런 만큼 자신이 없었다. 자꾸 못하겠다는 생각이 들었다. 주인공 간분실의 역할을 소화하기 위해선 전통적인 어머니상을 그려내야 했다. '동미야, 정신 차려. 어떻게 해?' 마음속으로 수도 없이 솟구쳤다간 곤두

박질을 쳐댔다.

결국 전통적인 어머니상을 가장 자연스럽게 표현해내기 위해 택한 것이 민낯 출연이었다.

믿었던 동생에게 배신당한 풍상 씨가 상심해 있을 때 아내로서 위로의 술을 사서 대작하며 남편을 안아 줬다. 그 장면에서 시청자들은 함께 안고 울고 웃었다. 어느 시청자는 댓글에서, 드라마를 보다가 무심히 잠든 남편을 끌어안고 다독여주었다고 했다. 그것을 본 신동미는 자신의 연기가 누군가에게는 위로가 된다는 것을 알았다.

스스로에게 외쳤다 '나는 연기로 위로를 주는 사람'이라고.

늘 '나는 누구인가'라는 자문에 회의를 하면서도 좋은 시절, 나쁜 시절 묵묵히 견뎌 와서 이런 강연까지 하게 되니 정말 꿈같은 오늘이라고 했다.

드라마도 보았고 신동미의 강연도 듣고 나니 느낀 바가 컸다. 요즘은 너무도 쉽게 가족이 해체되고, 급기야 부모 형제 자식을 살인하는 뉴스까지도 거의 매일 접하다시피 한다. 오늘날의 현실이 그렇기에 나 역시 스스로에게 질문을 던져본다.

가족을 짐으로 여긴 적이 없었나? 깊은 상처를 준 적은 없었나?

자각을 하든 못하든 있을 것이다. 부모든, 형제든, 부부든, 자식이든… 그럼에도 불구하고 우리는 가족을 사랑하고 함께 살아가고 또 살아내야 한다.

다시 묻는다.

가족은 힘인가?

짐인가?

동전의 양면인가?

삶을 춤추다

갈 곳이 없어졌다.

41년간 교직생활을 끝으로 정년퇴임을 했다. 평생 아침이면 가방을 둘러메고 바쁘게 집을 나섰는데, 갑자기 멈춰버린 것이다.

몇 달간은 마음이 허전해 우울증이 왔다. 유통기한이 다 되어 폐기처분 당한 듯 한 기분이었다. 아이들이 아파트 앞을 지나 재잘대며 학교 가는 걸 볼 때면, 난 이제 저 무리에 섞여 학교로 갈 일이 없구나 싶어지면서 마음 둘 바를 몰랐다.

그렇게 우울을 걸친 채 할 일 없이 산보나 하다가 같은 아파트 옆 동 아줌마를 만났다.

"나 하고 복지관 안 가 볼래?"

아무 기대도 없이 복지관이란 델 따라가 봤다. 처음 가니 식당에서 밥 먹을 때도 모두 나만 쳐다보는 것 같았다.

하지만 시간이 지나니 생각이 바뀌기 시작했다. 점심 식사도 매일 메뉴가 바뀌어 나오고 채소 위주의 저염식으로 잘게 썰어서 주니 나이 든 사람들이 먹기에 딱 좋았다. 그로부터 노래교실, 건강체조, 단전호흡, 컴퓨터, 챠밍댄스 등을 주4일(월,화,목,금요일) 13년간이나 다녔다. 건강도 챙기고 재미도 있었다.

처음부터 적응을 잘 한 건 아니었다. 이 작은 세계에서도 사랑과 우정과 시기, 질투가 있었고 경쟁이 치열했다.

건강체조시간이 월요일과 목요일인데, 월요일엔 친구들 모임이 있어 더러 빠질 때가 있었다. 그럴 때면 앞줄의 내 자리가 없어졌다. 다음 시간에 가면 내 뒤는 줄이 없고 나 혼자 앉아 있어야 했다. 그래도 본디 내 자리라 지키고 싶었다. 누군가가 '혼자 앉아 있지 말고 옆으로 가라'고 했다. 그래도 난 끝까지 비켜 주지 않았다. 가요시간에도 앉았던 익숙한 내 자린데, 지금 자리를 옮겨버리면 다른 사람이 와서 앉게 되고 그러면 내 자리가 없어진다. 여기서 밀리면 안 된다, 그리 생각했다.

"여긴 내 자리예요. 늘 이 자리에 앉아서 익숙하고 좋아요. 내가 왜 비켜요?"

그러면 다른 사람들이 입을 다물었다. 그렇게 서투르지만 내 방식대로 적응해 나갔다.

난 챠밍댄스를 좋아한다. 음악에 맞춰 춤을 추면 신이 나고 시간 가는 줄을 모른다. 1시간 운동하고 나면 등에 땀이 베인다. 13년간 거의 빠짐없이 챠밍댄스를 하다 보니 150명 정도 되는 사람을 거의 다 알게 되었다. 한 번은 떡을 해 가서 나눠 먹고 싶었다. 처음엔 챠밍댄스반 중 댄스동아리 회원 40명 정도만 나눠 먹을까 하다가, 하는 김에 전체 사람들 모두와 나눠 먹었다. 운동하고 난 뒤라 모두들 맛있게 먹었다고 인사를 했다. 작은 정이나마 베풀고 나니 잘 했구나 싶었다.

복지관에 '노노케어'라는 프로그램이 있었다. 노노케어(老老Care)란 건강한 노인에게 독거노인이나 고령의 노인을 돕는 일자리를 주는 제도인데, 서비스를 받는 사람의 입장에선 자신과 비슷한 연배의 노인으로부터 돌봄 서비스를 제공받으니 서로가 좋은 일이란 생각이 들었다. 나도 신청하였더니 할머니 2명이 일주일에 세 번 우리 집에 와서 말벗도 해주고 청소도 해주었다. 우리나라 복지정책에 절로 감사한 마음이 들었다.

 늙은 사람들 끼리 오늘은 어디 아프진 않았나, 잠은 잘 잤나, 서로 안부 주고받으면서 어린 시절 애기도 하며 흉허물 없이 지낸다. 애기 중에 그들이, 잠이 잘 안 온다고 하면 발치기 운동과 엄지발가락 당기기 등 내가 하고 있는 방법을 가르쳐주기도 한다. 또 어떻게 죽어야 할까에 대한 이야기도 나눈다. 나이가 들수록 생에 대한 애착이 강해진단다. 우리는 아프면서 오래 살면 안 되고, 건강하게 살자면서 '구구팔팔 이삼사'하자고 하며 웃기도 한다.

 복지관의 힘찬대학 학생회 김화도 회장님은 이런 노래를 지어 불렀다. 보약 같은 친구란 노래를 개사한 것이었다.

찰떡같은 대불

아침에 눈을 뜨면
제일 먼저 가고 싶은
대불은 멋진 곳이야
많은 사람이 모여 노는
우~리~ 대불서
웃으며 여생을 보내자
자식보다 대불이 좋고
돈보다 대불이 좋아
대불과 난 찰떡궁합이야
아~아~아~사는 날까지
같이 노세 찰떡같은 대불아

복지관이 있어 나도 행복하다. 아니면 경로당에 가서 졸병으로 심부름이나 해야 할 테니 말이다.

또 김 회장은 이런 글을 쓰기도 했다. 얼마나 좋았으면 이런 글을 썼을까 싶고, 나도 백 번 공감한다.

나는 대복교(大福敎)를 믿습니다

저는 '대복교'라는 종교(宗敎)를 믿고 있습니다.

풀어보면 대불의 앞 글자(大) 복지관의 앞 글자(福) 종교의 뒤 글자 (敎)의 약칭(略稱)이지요.

이름하여 대복교를 믿고부터는 육체건강(肉體健康)은 물론 정신건강(精神健康)과 함께 만사형통((萬事亨通)하여 즐거운 노년(老年)을 보내고 있습니다.

대복교 슬로건(Slogan)은 '감사(感謝)'입니다.

대복교 명호(名號)도 '감사(感謝)'입니다.

어르신들께서도 대불노인복지관에 오셔서 대복교를 믿으시며 복된 마음으로 여생(餘生)을 즐겁게 보낼 수 있지요.

아침에 눈을 뜨면 제일 먼저 가고 싶은 곳이 대불노인복지관입니다. 많은 사람들이 모여서 저마다 좋아하는 취미(趣味)에 맞는 과목(科目)에 빠져들 수 있는 곳이 바로 대불노인복지관 입니다.

대불노인복지관이 아니면 우리들에게 매일 메뉴(menu)를 바꿔가면서 저염(抵鹽)으로 정갈하게 밥을 해서 바치는 며느리가 또 어디 있겠습니까?

여름이면 에어컨 빵빵하게 틀어줘서 몸만 시원한 것이 아니라 속까지 시원하게 해주니 퇴관(退館)시간이 되어도 집에 가려고 하지 않잖아요.

겨울이면 땀이 나게 온풍기(溫風器)로 몸을 녹여주는데, 이렇게 해주는 곳이 어디에 있겠어요.

여기 대불노인복지관을 우리들은 시니어 유토피아 (Senior Utopia)라고 표현(表現)합니다.

자식(子息)보다 대불이 좋고 돈보다 대불이 좋지 않습니까? 자식도 손안에 있을 때 자식이지 장성(長成)해서 독립(獨立) 했으니 저들이 스스로 잘 살면 됩니다. 돈도 마찬가지로 내 손안에 있는 돈이라야 내 돈이지 은행(銀行)에 넣어둔 돈은 내 돈이 아니잖아요. 그래서 대불노인 복지관이 한층 더 좋은 곳이지요.

자식을 잘 키워서 출세(出世)시켰으면 부모 도리(道理)한 것이지 무엇을 또 바라나요.

돈 돈하지만 돈 많다고 행복(幸福)한 것은 아니잖아요. 돈 많은 집 치고 형제간(兄弟間) 우애(友愛)있는 집 별로 없더라고요.

거저 친구(親舊) 만나 커피 한 잔하고 식사(食事) 할 때 같이 하면서 인생(人生)을 이야기하면 만족(滿足)하지요.

해가 뜨나, 비가 오나, 눈이 오나 복지관에 어서 친구들 만나 정담(情談)나누고 커피 한 잔 마시면서 추억(追憶)을 되씹으며 노래 한두 곡 부르면 벌써 점심시간 되네요.

프로그램에 따라 두어 과목(科目) 배우고 익히고 나면 퇴관(退館)시간이 됩니다.

세월(歲月)이 왜 이리도 빨리 가는지요. 친구가 세월이 빨리 간다면서 비유한, 7학년이면 70km로 간다는 말이 딱 맞아요.

많은 사람 만나다보면 별의별사람 다 있는데 내가 그렇게 잘 나지 않았습니다. 남의 말 귀담아 듣고 인정(認定)해 주면 되겠지요. 또 매사에 양보(讓步)하고 이해하려고 노력하면 금상첨화(錦上添花)가 되겠네요. 그렇게 살다보면 다툼도 멀리할 수 있다고 했어요. 그러면 90이 아니라 100세도 살 수 있겠다고 생각합니다.

그래서 나는 대복교를 믿습니다.

U-20 월드컵 준결승

　대한민국 남자축구 국가대표팀이 사상최초로 2019 국제연맹(FIFA)U-20 월드컵 준우승을 했다. 참 장한 일이다.

　16일 새벽 1시에 일어나서 남편과 함께 축구경기를 봤다. 우리나라 선수들이 공격해 갈 땐 나도 모르게 환호성을 지르고 발이 함께 들썩였다.

　우크라이나 선수들은 키가 크고 체격이 좋고 팀워크도 좋아 우리 선수들이 수비를 잘 못할 땐 탄식이 절로 나왔다.

　서울 올림픽공원, 대구 DGB은행 파크, 부산 해운대 등 전국 각지에서 시민들이 대형 TV 앞으로 모여들었다. 형광 토끼리본, 대형 응원봉, 태극기를 흔들며 대~한민국 짜자작 짝짝… 열띤 응원을 했다. 2002년 월드컵 경기 때의 응원 열기를 방불케 했다.

　정정용 감독은 '이강인'을 놓고 어떻게 뛰게 할지 고민을 많이 했다고 한다. 경기가 얼마 지나지 않아 페널티 킥을 뽑아내어 우크라이나를 제압하는 듯했으나, 상대방 발이 워낙 빠르고 팀워크가 잘 되어있어 3골을 내어 줬다. 그러나 우리 대표 팀도 잘 싸웠다.

　인천공항으로 금의환향한 정정용 감독은 인터뷰에서 '임금이 있어 백성이 있는 것이 아니고 백성이 있어서 임금이 있다'라는 말을 남겼다. 정 감독은 대구 출신의 무명 축구선수에서 제갈공명과 같은 전략술로 다른 나라 선수들을 제압했다. "꿈을 가지고 노력하면 꿈을 이룬다."라고 말했다.

　정 감독은 대표 선수단을 친형제같이 대하여 선수단원 모두가 화기애애한 분위기였다 했다. 경기가 끝나고 뒤풀이할 땐 한데 어울려 노래방도 가고 떼창도 하면서 경기의 스트레스를 날려버렸다고 했다.

　이강인은 남아공전에서도 공을 어디로 찰지 고민하는 듯한 표정을 지어 상대방 선수들을 어리둥절하게 만들었다. 볼 배급의 중추를 맡은 이강인의 '황금의 왼발'이 경기 내내 공격하는 모습은 참 보기 좋았다. 이 선수는 귀국 소감에서 "이 경험을 바탕으로 더욱 열심히 뛰어 다음엔 꼭 우승하겠다."고 했는데, 이번 경기에서 '골든 볼' 수상의 영광을 안기도 했다.

 모처럼 우리나라 사람들 모두가 밤잠을 설쳐 가면서 똘똘 뭉쳐 하나 되는 느낌으로 응원했다. 우리나라의 우수성이 세계를 놀라게 했다. 밝아오는 새벽, 참 기분 좋은 소식이었다.

좋은 사람과 함께라면
무엇인들 아니 좋으리

　한국교원연합회에서 운영하는 실버타운인 경상 창녕 고암면에 위치한 '서드 에이지'를 체험해보기로 했다.

　남편과 함께 동대구역에서 실버타운 셔틀버스를 탔다. 고속도로에 접어드니 이제 막 단풍이 들기 시작하는 산과 누렇게 익은 벼들이 시야 가득 들어왔다.
　서드 에이지에 도착하니 12시30분, 넓고 깨끗하고 조용했다. 로비엔 그곳 거주자로 보이는 몇 사람이 신문을 보기도 하고 담소를 나누기도 했다. 벽에 걸린 '청춘보다 더 아름답게'라는 문구가 눈에 띄었다. 왠지 고적하기보다 적막에 가까운 느낌이 들었다.

조금 있으니 서울 시누이 내외가 도착했다. 오랜만에 만나 반가웠다. 잠시 안부를 물으며 쉬다가 셔틀버스를 타고 창녕읍 시외버스터미널에 가서 돌아갈 차표를 예매했다. 창녕읍은 생각보다 큰 도시였다.

숙소인 서드 에이지로 다시 돌아온 우리 일행은 각각 지하 1층 사우나탕으로 가서 뜨끈한 물에 몸을 담갔다. 피로가 확 풀리는 것 같았다.

서드 에이지는 사우나탕뿐만 아니라 노래방, 당구장, 탁구장, 물리 치료실, 헬스장 등 시설이 잘 갖춰져 있었다. 식사도 제공하여 주니 노년에 들어와 여생을 보내기엔 편한 듯했다. 거주자들은 건물 뒤편에 있는 텃밭도 가꾸었다. 공기도 맑고 주변 경치도 좋고 호숫가의 산책로도 잘 돼 있었다. 뿐만 아니라 도자기 만들기, 꽃꽂이, 노래교실, 인문학 강좌, 등반대회 등 월별 프로그램도 다양하게 있었다.

우리는 숙소로 돌아와서 미리 준비해온 상추쌈, 훈제 오리고기, 마늘장아찌로 등으로 저녁을 먹었다. 꿀맛이었다. 식사 후에 남여 편을 갈라 윷놀이를 했다. 남자 편이 KO 당했다. 그렇게 신나게 웃고 얘기하면서 포도주 한 잔씩 마시고 잠을 잤다.

다음날은 내친 김에 9시 부산행 셔틀버스를 탔다. 부

산에서 지하철 1호선을 타고 자갈치시장으로 향했다. 횟집, 생선구이집, 생선가게가 즐비했다. 우리는 충청도 식당이라는 곳을 갔다. 4인분 회를 주문하니 고등어, 가자미구이 등 해산물 반찬이 많이 나왔다. 수다를 곁들여 맛있게 식사를 한 후 용두산공원으로 갔다. 꼭대기까지 에스컬레이터가 설치돼 있어 편하게 오를 수 있었다.

하지만 '한 발 올려 맹세하고 두 발 디뎌 언약하던' '용두산 194계단' 밟는 맛을 못 보니 한편으론 아쉬웠다. 부산 시내를 내려다보니, 대구보다 훨씬 컸다.

오후 2시경 영도다리가 들린다는 말을 듣고 영도다리로 갔다. 근처엔 이미 사람들이 많이 모여 있었다. 부둣가 유라리 광장엔 6.25 피난민 동상이 있었다. 남편은 봇짐을 등에 지고 아내는 머리에 짐을 인 채 아이들의 손을 잡고 있었다. 갑자기 피난민 시절로 이동한 것 같은 착각도 들었다.

2시가 되니 사이렌과 함께 영도다리가 들리기 시작했다. 때맞춰 '보슬비가 소리도 없이 이별 슬픈 부산정거장……' 남인수의 노래가 구슬프게 흘러나왔다. 동상과 노래만으로도 6.25사변 당시를 떠올리기 충분했다.

초등학교를 입학한 지 3개월쯤 된 어느 날 부모님으

로부터 전쟁이 터졌단 애길 들었다. 이북에서 공산군이 우리나라를 쳐들어왔다고 했다. 우리 학교인 삼덕초등학교로 군용트럭이 줄지어 들어 왔다. 머리에 붕대 맨 군인, 팔에 깁스한 군인, 목발 짚은 군인 등 부상당한 군인들을 계속 실어 날랐다. 교실은 부상당한 군인들의 입원실이 되었다. 운동장 구석 쓰레기장엔 깨진 기브스, 붕대 뭉치, 주사기, 약통들이 산처럼 쌓여 있었다. 친구와 함께, 수시로 앰뷸런스가 왱~ 왱~ 소리 지르며 경북대학병원으로 달려가는 것도 구경하였다.

  우리 가족은 석 달 가량 경산에 있는 외갓집에 피난을 갔다 돌아왔다. 선생님으로부터 연락이 와서 학교에 갔다. 선생님은 우리 반 애들을 인솔해 신천강가로 가서 칠판을 세웠다. 우리는 강바람을 맞으면서 신명난 목소리로 '바둑아, 바둑아 이리와. 나하고 놀자' '1+9=8-7=' 등을 공부했다.

  우리 일행은 물론 구경 온 사람들도 다리가 다 올라갈 때까지 연신 셔터를 눌러댔다. 파란 가을 하늘, 넘실대는 바닷물, 하얗고 큰 배, 뱃고동 소리, 살랑대는 바람 등 안 좋은 것이 없었다. 오후 3시15분에 다시 셔틀버스를 타고 창녕으로 돌아왔다.

저녁 식사 후에는 시설 안에 있는 노래방으로 갔다. 넷이서 실컷 떠들고 노래 부르며 신나게 몸을 흔들어댔다. 서드 에이지 측에서 홍보를 위해 제공한 2박3일간의 무료체험 여행이었지만 우리에겐 모처럼의 가족여행이었다.

3일째는 아쉬운 마음을 뒤로 하고 창녕 시외버스 터미널에 와서 대구행 고속버스를 탔다. 돌아오는 길 옆에 노랗게 물든 은행나무 가로수가 늘어 서 있어 참 보기 좋았다. 산은 사흘 전보다 확연히 다른 속도로 단풍이 진하게 물들고 있었다.

서드 에이지 덕분에 모처럼 좋은 사람과 함께 하니 더더욱 즐거운 여행이었다. 역시 여행은 멤버가 중요하다. 짧은 여행도 그러한데 길고 긴 인생여행이라면 더 말할 것이 없겠다.

서드 에이지를 다녀온 후 실버타운에 대해 많은 생각을 하게 되었다. 지금 당장은 아니더라도 나이가 더 든 이후를 생각하면 숙고해볼 문제가 아닐까 싶어서이다.

서울에 사는 큰 오빠네는 7년 전 건국대학에서 운영하는 광진구 시니어하우스 '더 클래스 500'에 입주해 있다. 1세대 당 7억 원 보증금에 관리비를 매월 500만 원씩 낸단다. 8층에서 20층까지는 호텔이고, 21층에서 50층은 시니어 하우스로 이용하는데 아주 깨끗하고 한강이 바라보이는 전망 좋은 곳이었다. 더 클래스 500은 가치 있는 삶, 문화를 향유하는 삶을 살아가는 우리 사회의 '10퍼센트 스페셜 리더 그룹을 위한 시니어하우스'란 슬로건을 내걸고 있다. 그런 만큼 의료서비스도 고급이란다. 전문의의 자문과 함께 전담 관리팀도 있는데, 개인별 건강, 운동, 영양관리 프로그램을 제공 운용한단다. 또한 호텔식 서비스와 최고급 시설과 웰빙 식사 서비스로 삶의 품격과 여유를 선사한단다. 컬쳐와 커뮤니티 서비스도 다양하게 운영하고 있다. 스파는 온천 성분이 함유된 천연 암반수이고, 피트니스는 의학에 바탕을 둔 최신형이고 모든 시설이 최상급이라고 했다.

오빠는 그곳 생활이 대체로 만족스럽다고 했다. 시니어 하우스 내 뷔페식당에 오는 사람들의 모습을 보면 머리가 하얀 사람, 꼬부라진 사람, 잘 못 걷는 사람 등 각양각색이지만 대부분 편안해 보인단다. 하지만 그들 중 혼자 오가며 혼자 식사하는 모습만은 왠지 안쓰럽고 보기가 안 좋더라고 했다.

오빠 내외는 그 생활을 원했고 해보니 두 사람의 성

향과도 잘 맞는다고 했다.

　오빠 이야기도 들어보고, 서드 에이지 다녀온 후 많은 생각도 해봤지만 남편과 나는 오빠네와 좀 다른 것 같다. 창녕 서드 에이지는, 시설 좋고 공기 맑고 조용한 곳이지만 대구와는 좀 거리가 있다. 난 나이가 들수록 친구와 자녀들이 살고 있는 대구 또는 대구 근교에서 살고 싶다. 그래야 쉽게 만날 수 있지 않을까.
　우선은 내 건강이 허락하는 한 시장과 마트를 다니면서 반찬거리를 사와 식성에 맞게 요리해서 먹고 청소, 세탁도 내 손으로 하는 게 좋을 것 같다. 남편 역시 직접 몸 움직여 농사짓는 일을 즐겨한다.
　아직은 실버타운 갈 때가 아닌가 보다.

여성의 성공엔
어떤 거름이 필요할까

드라마 '세상에서 제일 예쁜 내 딸'을 즐겨 본다.

요즈음은 드라마 속 강미리 같은 슈퍼우먼들이 많다. 안간힘을 쓰면서 투쟁하듯 살아내는 여자들을 보면 안쓰럽고 딱하면서도 마음 깊이 응원박수를 보내게 된다.

세 딸들에게 자신과 같은 인생을 대물림하지 않으려고 악착같이 살아온 설렁탕집 사장 박선자. 그녀는 워킹맘인 큰딸 미선을 위해 매일 아침 스쿠터를 타고 외손녀를 유치원 보내주고 살림을 돌봐준다.

대기업 마케팅부장인 둘째딸 미리는 완벽한 일처리 능력자다. 그 부서에 신입사원으로 들어온 태주는 주눅

들지 않고 제 할 일을 척척 잘 해내지만 까칠한 부장인 미리는 까불지 말라고 경고하기도 한다. 미리가 태주를 처음 복도에서 만나던 날, 서로 부딪쳐 태주가 들고 있던 커피를 쏟았다. 옷을 버린 미리가 대뜸 태주 셔츠를 빼앗아 입는 일이 생겼다. 그 일을 계기로 한태주와 강미리의 인연이 시작되었다.

　강미리가 6살 때 친엄마인 전인숙이 재혼하면서 큰엄마 박선자에게 키워달라고 돈을 주면서 맡겼다. 그래서 미리는 큰 엄마 손에서 자랐다. 박선자는 두 딸과 똑같이 강미리를 대학까지 보냈다.
　강미리는 워낙 노력파라서 우수한 성적으로 학교를 다녔고, 대기업 마케팅 부서에서도 일 잘하는 능력녀다. 태주는, 냉철하고도 정확한 업무처리 능력으로 회장에게까지 신임 받는 강미리 부장을 사랑하게 된다. 하지만 나중에 태주가 한성기업 회장 아들이란 사실을 알고 미리는 태주에게 향한 마음을 접는다.
　친엄마 전인숙은 재혼 후 엄마 없는 조카를 키우게 되었는데 그가 태주다.
　우여곡절을 겪으면서도 태주의 끈질긴 노력 끝에 사랑은 결실을 맺게 된다는 얘기다.

미리가 사회적인 성공과 가정적인 성공을 이뤄낸 바탕에는 본인의 노력이 가장 컸겠지만, 큰 엄마인 박선자의 든든하고도 전폭적인 지지가 없었다면 힘들었을 것이다.

어디 그 뿐일까. 강미리를 통해 여성의 성공에 필요한 거름에 대해 많은 생각을 해보았다.

나는 1994년 2월 경산시에서 동일지역 근무연한 8년 만기가 되어 다른 곳으로 옮겨가야 했다. 교감 승진을 앞두고 있어 경력 점수, 연구 실적 점수는 거의 다 땄는데 벽지 점수가 없어 문경시 벽지학교로 전보 희망을 했다.

그해 3월 경북 북부지역에 있는 마성초등학교로 발령을 받았다. 조그만 학교였는데 주로 승진을 위해 오는 사람이 모이는 곳이었다. 전체 교사 8명 중 여교사는 2명이었다. 그 2명 중 1명은 젊은 유치원 담당교사였으니, 초등학교 교사 중엔 나만 여자였다. 게다가 승진을 염두에 두고 있다 보니 남자선생들이 알게 모르게 왕따를 시켰다.

"뭐 할라꼬 대구에서 여기까지 왔어요? 집에서 부지깽이 운전수나 하시지."

술이 있는 회식자리에서 한 남자선생이 노골적으로 나를 비꼬았다. 그러자 다른 남자선생들도 속 시원하다는 듯이 웃어댔다. 난 당황하여 얼굴이 빨갛게 되었다.

 "경상북도 내에선 어느 곳이나 발령 받을 수 있는데 왜 그래요."

 한껏 응수한다고 했으나 속이 상했다. 집에 돌아와서 남편에게 낮에 있었던 일을 얘기하니 같이 대응하지 말고 웃어넘기라고 했다.

 그 시절엔 여교사가 승진하는 일이 드물었고 55세 정도 되면 대체로 명예퇴직을 했다. 그런데 난 그러고 싶지 않았다. 교감승진 점수가 다 되어 가니까 놓치기도 싫었다. 경북 북부지역이 가진 폐쇄성과 함께, 여성이라는 핸디캡이 있어 참 힘들었다.

 2주에 한 번씩 토요일이면 문경에서 자가용으로 2시간을 달려 대구 집으로 왔다. 집엔 작은 아이가 고 3이라 친정어머니가 오셔서 뒷바라지를 하고 계셨다. 작은 아이는 주중에 부모가 없으니까 친구들과 어울려 분식집이나 들락거려서인지 고3답지 않게 얼굴이 훤했다. 문경으로 전근가기 전에 작은 애를 걱정하니, 몇 번이나 저 혼자 공부할 수 있다고 다짐했는데 그게 아닌 모양이었다.

그 해 겨울 작은 애는 경북대학교 국문과에 시험을 쳤으나 후보 2순위로 불합격했다. 결국 동국대학교 경주캠퍼스 영문과에 입학했으나, 6개월 만에 휴학하고는 재수를 하겠다고 했다.

"너 또 공부 안 하고 친구들하고만 어울리면 어쩌노?"

"한 번만 재수학원에 등록해 주면 꼭 열심히 공부할게요."

작은 애는 자신이 한 약속대로 6개월 동안 열심히 공부했다. 그래도 수능성적을 보니 대구교육대는 어려울 것 같아 청주교육대로 갔다.

혼자 자취하는 작은 애를 보러 청주로 가보았다. 다행히 공부도 열심히 하고 그곳에서 교회를 다녀 친구들과도 잘 사귀고 있었다. 아이 걱정에서 놓여나자 내 학교생활에 더 열중할 수 있었다.

96년도에 김대중 대통령이 교사 정년을 65세에서 62세로 낮춰 한꺼번에 많은 교장 교감들이 퇴임했다. 조기 정년제가 실시되자, 평교사들에게 대거 승진 기회가 주어졌다. 나도 구미교육연수원에서 한 달 가량 교감 연수를 받았다. 연수가 끝나고 학교에 오니 모든 교직원들이 '이 교감'으로 호칭해 주었다. 아직 발령 받기

전이라 어색하면서도 나쁘진 않았다.

이듬해 3월 영천시 00초등학교에 교감 발령을 받았다. 왕따 맛을 보게 한 학교였지만 마성학교를 떠날 때는 선생님들과 아이들과 3년 동안 정이 들어 많이 울었다.

조그마한 학교에 교감으로 부임하고 보니 교장선생님이 아주 철저하고 세밀한 분이셨다. 처음엔 내 주장만 내세우다 혼난 적도 있었다. 교감이란 자리가 교장의 학교경영방침에 따라 명을 받아 교사한테 전달하고 아동교육을 잘 시켜야 하는 중간 역할이었다. 너무 교장 편에만 서면 교사가 돌아서고 교사 편에만 서면 교장이 돌아선다. 교감 자리가 참 어려웠다. 그렇게 교감을 3년 하니 눈치만 늘었다.

96년도에 발행된 책 『아가씨 말고 원장님 나오라고 해』를 읽었다. 그 중에서 특히 눈에 들어오는 대목이 있었는데 우습기도 했지만 90년도답게 여성의 사회적 지위에 대해 씁쓸한 공감을 할 수밖에 없었다.

<상략>

"여기 원장님 어디 갔어?"

어느 날 40대 초반의 한 환자가 찾아와서 아주 막 대놓고 반말로 물었다.

"제가 한의사예요."

내가 오히려 주눅이 들어 얘기하자, 그 환자는 아무 소리도 없이 그냥 나가 버리는 것이었다. 그렇잖아도 앳된 얼굴에 나이까지 새파랗게 젊었으니 '아가씨'라고 부르는 것은 수도 없이 겪었다.

나는 사실 남들이 보기에는 무모한 도전을 한 셈이었다. 보통 한의대생들이 졸업하면 곧바로 개업하기 보다는 한의원에 취직해 월급쟁이 노릇부터 시작한다. 그곳에서 풍부한 경험을 닦고 환자들과의 관계를 다진 후 나중에 개업한다.

그러나 나는 곧바로 개업했다. 한방에서 텃새가 심하다는 서울 종로에 다 버젓이 간판을 내 걸었다.

'저 도가 한의원인지 뭔지 젊은 x이 뭘 모르고 이 바닥에 들어온 모양인데, 3개월 넘기면 내 손에 장을 지진다'는 밑도 끝도 없는 소문이 돌아 내 귀에 들어오곤 했다.

<하략>

저자는, 그래도 끝까지 희망을 가지고 고비 고비 마다 나름대로의 길을 꾸준하게 걸어온 것이 성공으로 이어진 것 같다고 회고했다. 물론 남편의 '외조'가 무척

힘이 되었다고 한다. 세 아이 엄마 노릇하랴, 아내 노릇하랴, 환자 상담하랴, 못다 배운 진리 공부하랴 밤이 되면 녹초가 되었다고 하니, 그 사정 눈으로 불 보듯 훤하다. 이와 같이 20~30년 전만 해도 여성의 사회적 지위란 실상 형편이 없었다.

보통 남자들은 대범하게 일을 처리하지만 여자들은 섬세하게 철두철미하게 처리한다. 그런데도 여자들이 CEO 자리로 올라가면 괜히 남자들이 한 수 꺾고 봤다.

요즈음은 다행히 사회인식이 많이 바뀌어 여자 대통령, 여자 총리 등 여자들의 지위가 많이 향상되었다.

그래도 여자 한 사람이 성공하려면 다른 한 여자의 희생을 필요로 한다는 사실은 크게 변하지 않았다. 대부분 '희생을 바치는' 역할을 친정어머니가 하는 셈인데, 육아의 책임자는 엄마라는 공식에서 벗어나기 힘들기 때문이다. 이를 보완할 수 있는 사회적 시스템이 확충되는 만큼 여성들의 사회적 성장도 더 확대될 것이다.

강미리의 성공 역시 큰엄마의 뒷받침과 함께 이전과는 달라진 사회 전반적인 환경과 인식의 변화가 함께 배경처럼 도왔기 때문이 아니었을까.

제3부
누가 그녀에게 가시관을 씌웠는가

젊은 시절은 되돌릴 수 없기에 더 아름답다

누가 그녀에게
가시관을 씌웠는가

나도 가해자 그룹 안에 있었다.
오랜 시간이 흐르도록 그 사실을 자각조차 못했다.

근 30년이 지나도록 소식 한 번 듣지 못했던 문 선생을 만난 것은 백화점 여성복 매장이었다. 반가운 마음에 달려가 손을 잡았다. 차라도 한 잔 하자고 했더니 바쁘다면서 서둘러 돌아섰다. 연락처 교환도 못했고 언제 다시 만나자는 약속도 못했다.

그로부터 3년이 지난 어느 날, 듣고 싶은 강의가 있어 들으러 갔다가 문 선생과 반가운 재회를 했다. 하지만 문 선생은 이번에도 백화점에서처럼 나를 피했다.

교대를 1965년에 졸업하고 칠곡 Y초등학교로 첫 발령을 받았다.

대구에서 시외버스를 타고 1시간을 달려 낙동강 변을 따라 들어가니 면소재지에 학교가 있었다. 꽤 큰 학교였다. 가보니 공교롭게도 그 해 처녀 선생 4명이 한꺼번에 같은 학교로 첫 발령을 받은 터였다. 햇병아리 여교사 4명은 한방에서 같이 자취를 시작했다. 그러자 조그만 시골 마을에 금방 소문이 났다. 넷이 어울려 다니면 모두들 쳐다봤다.

토요일만 되면 십여 명의 선생들이 버스정류장으로 몰려갔다. 대구가 집인 사람은 빈 반찬통이 든 가방을 챙겼고, 더러는 그곳에 살고 있었지만 대구에 바람을 쐬러 가기도 했다.

우리 4명도 그들과 함께 오후 2시 버스를 탔다. 우리 중 문 선생은 가난한 집안에서 자라 사범고등학교를 나온 사람이었다. 그렇지만 무적 영리하고 성격이 쾌활했다. 59세의 김 선생은 집이 학교와 같은 면소재지에 있었으나 매주 대구로 바람 쐬러 가기 위해 함께 버스를 탔다.

어느 날 김 선생이 문 선생 옆자리에 앉았다. 김 선생은 문 선생에게, 대구 도착하면 급한 볼일이 있느냐고 물었다. 없으면 같이 저녁식사 하자고 했다. 그날 둘은 중앙통에 있는 으리으리한 레스토랑에서 식사하고 영화도 보았단다. 그날 이후 토요일이면 김 선생이 대구로 나가 문 선생과 데이트를 즐겼다. 가난한 집안에서 공부만 하다 온 어린 문 선생은 금시계, 금목걸이 등 값비싼 선물 공세까지 받다보니 모텔까지 드나드는 사이가 되고 말았다.

김 선생의 부인이 매주 대구 가는 남편을 수상히 여겨 캐물었다. 자랑처럼 문 선생과의 관계를 털어놨다. 그러자 김 선생 부인이 학교로 찾아왔다. 다짜고짜 문 선생 머리채를 잡아끌며 따귀를 때리는 등 야단법석을 떨었다. 교무실 복도에서 그 난동을 벌이는 동안 김 선생은 어디로 숨었는지 나타나지도 않았다. 다행히 퇴근 무렵이라 학생들이 없어서 그나마 다행이었다.

그 자리엔 교장선생은 물론 삶의 연륜이 쌓일 만큼 살아오신 어른인 교사들도 여럿 있었다. 하지만 그 무례하고 황당한 사건을 눈앞에 두고 당시의 우리 모두는 속으로, 사회 통념을 뛰어 넘지 못하고 '유부남과 놀아난 처녀'라는 점만 따갑게 지적했다. 김 선생 부인의 난동에 묵인을 넘어 동조까지 했으니 말이다. 그들의 만남에서부터 관계발전에 이르기까지 어렴풋이 짐작하고 있던 우리들은 문 선생에 대한 안타까움과 함께 김 선생에 대한 적의가 엄청나게 컸지만 어린 나는, 우리들은, 덜덜 떨면서 발만 동동 굴릴 뿐 아무 것도 하지 않았다. 아니 할 수 없었다. 복도에서의 그 난동을 방치할 것이 아니라 김 선생을 불러오거나, 우선 김 선생 부인으로부터 문 선생을 떼어내고 학교가 아닌 다른 조용한 장소에서 차분하게 얘기할 것을 권하기라도 하는 것이 옳았다.

나이 들 대로 든 김 선생의 파렴치함은 지금 생각해도 어이가 없다. 남존여비 사상에 젖어 있던 그 당시 사회 풍조는 불륜을 보는 시각에도 그대로 적용되었다. 남자가 바람을 피우면 능력이라 하고 상대 여자는 '천하의 몹쓸 인간'으로 낙인찍었으니 말이다. 어디 그뿐인가. 청춘남녀가 사귀어도 소문나면 남자는 괜찮지만 여자는 다른 곳으로 시집가기 힘든 시절이었다.

그런 풍조에 젖어 있던 우리 모두는 가해자인 줄도 모르고 똘똘 뭉쳐 거대한 집단 가해자가 되었던 것이다. 모두가 모르는 척 눈감은 그날의 행위는 사실은 집단이 개인에게 마구잡이 폭행을 가한 범죄행위였다. 아무도 나서서 문 선생을 보호해주지 않았다. 나도 우선 두렵고 용기가 없어 엄두를 못 냈다.

폭행은 그날로 끝난 것이 아니었다. 그날 이후에도 꽤 시간이 흐를 때까지 동료들은 물론 선배교사, 학교 경영자들까지도 합세 아닌 합세를 하여 수군거리며 쉼 없이 보이지 않는 몽둥이를 휘둘러댔다. 생각하면 끔찍한 집단 폭행이었다.

결국 문 선생은 다른 학교로 좌천되었다. 하지만 김 선생은 아무 일없던 것처럼, 아니 오히려 능력자나 영웅이 된 것처럼 의기양양하게 평소대로 교단에 섰다.

1년에 한 번 하는 운동회도 달리기 연습, 마스게임연습을 얼마나 수없이 반복시키는가. 그런데 남녀 간의 연애문제를 어찌 연습도 실수도 없이 저절로 깨달아 알겠는가. 어린 나이에, 그것도 남자 없이 여자 혼자 연애라는 감정을 연습하나? 남자에겐 허용된 연애가 여자에겐 형벌로 돌아왔던 말도 안 되는 시절, 여자는 그 자체가 금기시되었으니 말이 되는가.

요즘은 남녀가 똑같이 연애라는 자연스러운 교제를 통해 건강하고 성숙된 인간관계를 체험하고 배우면서 성장하고, 남자 보는 여자 보는 눈을 키운다. 그런 속에서 배려를 배우고 자신을 깨달으며 성숙해 간다.

그 당시 교무실 복도에서 난동을 부리던 김 선생 부

인을 적어도 누군가는 저지했어야 했다. 선배교사들이 진정 어른이었다면.

　차철진 선생님은 초등학교 때 6학년 담임이었다. 키 작은 나는 항상 꼬마로 불렸다. 가방을 메고 다니는 게 아니라 가방이 걸어 다닌다는 말을 듣고 자랐다. 고무줄놀이 해도 제일 못 해서 놀림을 받았다. 아버지 키가 작아서 그런지 5형제 중 2명은 키가 작았다.
　2시간 수업을 마치고 중간놀이 시간이면 반별 대항 이어달리기가 있었다. 반별로 4명씩 앞에 나가 달리기를 하는데 난 언제나 꼴찌로 들어왔다. 반 친구와 선생님한테 미안하고 부끄러워 교실로 들어가지도 못하고 복도에서 서성거렸다. 그때 선생님이 나와서 내 손을 잡고 괜찮다고 하시며 이끌어 교실로 들어갔다. 그러자 반 아이들이 일제히 공격의 화살을 퍼붓기 시작했다. 선생님은 웃으시면서 아이들을 진정시키고 나를 두둔해 주셨다. 정확하게 기억은 못 하지만 '사람은 다 다르다. 달리기를 잘하는 사람도 있고 그림을 잘 그리는 사람도 있고 다른 공부를 잘하는 사람도 있다. 마찬가지로 달리기하면 당연히 1등도 있고 꼴찌도 있다. 너희들도 못 하는 게 있지 않느냐' 는 식의 말씀이었다. 그제야 아이들의 원망이 수그러들었다. 차 선생님은 홀로, 나를 질타하는 가해자 그룹 밖에 서서 평형을 유지하며 상황을 바로 잡았다. 스승으로서 어른으로서 충분한 역할을 하셨다.

물론 상황이 다른 일이라 맞비교 하기는 어렵지만 그래도 초임지에서의 일이 떠오를 때면 어린 시절의 차 선생님이 떠올라 자꾸 대비되었다. 차 선생님이 그때 몸소 가르쳐주신 진짜어른의 모습이 아직도 고마움으로 아름다움으로 남아있다.

초임지에 부임했을 당시 난 23살이었다. 첫 사회생활은 적응하기가 무척 힘들었다. 게다가 문 선생의 일을 덜컥 겪으니 황망했지만 어려서 억울했고, 여자라서 억울했고, 행정조치가 부당해서 또 억울했지만 감히 표도 못 냈다. 워낙 부끄러움을 많이 타고 내성적이라 학교생활이 더욱 힘들고 적응하기 어려웠다. 교장도 교감도 모두 고압적인 자세로 동료교사에게 갑질하는 것이 훤히 보였지만 눈만 내리깔았다. 그 와중에 교감선생은 복도에서 마주쳤을 때 내가 목례만 하고 교무실에 들어가자 크게 호통을 치셨다.

"입이 붙었어요? '안녕 하십니까'라고 왜 말을 못해

요?"

 그때부터 교무실 복도에서 선생님을 만나면 용기 내어 '안녕하십니까?' 라고 소리쳤다. 그렇게 습관이 되었는지 41년 교직생활동안 항상 먼저 인사하는 버릇이 생기기도 했다.

 적어도 교사는, 차철진 선생님처럼, 균형 잡힌 사고를 가지고 용기 없거나, 실수하거나, 남들보다 뒤쳐진 사람들을 돌보고, 곤경에 처한 사람은 다독여주는 너그러움과 배려가 있는 사람이라야 된다고 생각한다. 그것이야말로 진정 교육자다운 덕목이 아닌가.
 이젠 나도 교직을 떠난 지 오래 되었지만 그 덕목을 잘 지니고 교육을 했는가, 종종 생각해보게 된다. 그리 잘 한 것 같지는 않다.

 늦었지만 꿈 많고 아름답던 그날의 어린 문 선생에게 사과하고 싶다. 너무 늦어버렸지만 그래도 진심을 전하며 주름진 손 따뜻하게 맞잡고 밝게 웃을 수 있으면 좋겠다.
 이 마음이 전해져서 문 선생이 더 당당하고 아름답고 행복하게 살아가기를 손 모아 빈다. 아울러 용기 없고 따뜻하지 못했던 나 자신도 이젠 용서하기로 한다. 지혜도 용기도 없어 곤경에 처한 친구를 버려두고 숨기만 했지 말리지 못 했고, '괜찮아' 하며 손 한 번 잡아주지 못했음이 오래도록 부끄럽기 때문이다.

미란이를 추억함

산책길에 초등학교 운동장 옆을 지나간다.

운동장 가장 자리엔 온통 벚꽃이 찬란하게 피어 마음까지 환하게 밝혀준다. 이 봄도 말없이 와서 이렇듯 휘황하게 반짝이다 잠깐 한눈파는 사이 소리 없이 사라지리라.

1978년 대구 성남학교에 근무할 때였다.

뽀얀 벚꽃 같던 아이 김미란. 미란이는 2학년5반 우리 반 학생이었다. 키가 자그만하고 얌전했다. 종종 친구도 없이 홀로 교실 한구석에 그림자처럼 앉아 있기에 내가 '미란아!' 하며 다가가면 뱅그레 웃기만 했다. 항상 외할아버지가 교실 안까지 데려다 주고 하교 시에도 꼭 마중 나왔다.

5월 어느 날, 갑자기 학교에 손님이 오신다고 하기에 교재준비 및 청소와 정리정돈을 하느라 정신이 없었다. 마침 중간놀이시간이라 아이들을 운동장으로 내보내고 난 서둘러 교실 유리창 청소를 마무리하고 있었다.

"선생님예, 큰일 났어예. 2학년5반 애가 늑목 밑에 떨어져 기절했어예!"

5학년 아이들 몇몇이 헐레벌떡 뛰어오며 소리쳤다. 황급히 운동장으로 달려갔다. 미란이가 땅바닥에 반듯이 누워 있었다. 얼른 들쳐 업고 일단 교실로 돌아와 바닥에 눕혔다. 허리띠를 풀고 다리를 들어 보아도 기척이 없었다. 교감 선생님, 양호선생님을 다 불렀다. 쩔쩔매는 나에게 누군가가 빨리 부모님한테 연락하고 병원에 데려가라고 했다.

옆 반 선생님께 반 애들을 맡기고 미란이를 다시 들쳐 업었다. 택시를 타고 만경관 옆 학교 지정병원으로 급히 갔다. 그때 미란이 부모님은 진해에 계셨고 외조부 외조모도 출타 중이었다. 급히 X-Ray를 찍어보니 머리에 금이 가서 수술해야 된다고 했다. 내가 보호자 대리인으로 사인하고 바로 수술을 시작했다. 수술실 앞에서 하나님께 간절히 기도했다. 3시간여 만에 미란이는 머리에 붕대가 감긴 채 병실로 옮겨졌다. 저녁때가 되어서야 외할아버지, 외할머니가 헐레벌떡 뛰어오셨다. 내가 할 수 있는 것은 미란이가 어떻게 다쳤는지 소상히 얘기하는 것밖에 없었다.

  미란이는 친구들과 같이 늑목에서 '무궁화 꽃이 피었습니다' 놀이를 하고 있었다고 한다. 4.5m거리에서 술래가 잡으러오면 안 잡히려고 늑목 위로 빨리 피해 올라가는 놀이였다. 그런데 하필이면 그때 5학년 남학생들이 그 늑목을 골대 삼아 축구를 하고 있었고, 축구공이 늑목을 쾅, 때리는 순간 미란이가 늑목 위에서 떨어져 버린 것이다. 설상가상으로 늑목 밑에 돌이 있어 미란이가 머리를 부딪친 것이었다. 상황 설명을 하면서도 가슴이 펄떡거리고 입안이 바짝바짝 말랐다.

  미란이는 통 깨어나질 못했다.

  의사선생님은 두개골에 피가 엉겨있어 떼어내고 봉합했으니 지켜보자고 했다. 한밤중에 진해에서 식당을 하는 미란이 엄마가 올라오는 것을 보고, 난 3살 난 딸아이 때문에 집으로 갔다.

  전체 선생님들이 다 병문안 다녀왔다. 난 매일 퇴근 후 병실을 지켰다. 하지만 미란이는 일주일동안 혼수상태에서 깨어나지 못하더니 결국 생의 끈을 놓았다. 미란이의 장례식장은 어머니의 애끓는 울음소리로 가득 찼다. 나도 지치도록 울다가 문득 하나님의 부름을 받아 천국에 갔다고 생각하니 마음이 조금 편안해졌다. 어머니는 발인하던 날 장의차가 학교 운동장을 한 바퀴 돌고 갔으면 좋겠다고 했다. 생각 끝에 교장선생님은 거절하셨다.

겨우 미란이 장례를 치르고 나니 미란이 부모 측에서 교장선생님을 상대로 교육청에 고발하였다. 놀이터 밑에 모래를 깔아 놓지 않았다는 책임을 물었다. 교육청에서 사건 조사를 위해 몇 번이나 다녀갔고, 학교에서는 선생님들이 조의금을 모아 전달했다. 결국 그 일로 교장선생님은 시골학교로 좌천되어 떠나셨다. 난 너무 힘들고 죄스러운 마음에 고개를 들지 못했다. 내가 우울해 있으니 동 학년 선생님들이 위로하며 다독거려 주었다. 미란이를 생각하면 목구멍에 음식이 걸려 먹먹하였다.

제 생의 어여쁜 꽃을 피워보지 못하고 떠난 미란이. 생각하면 안타깝고 애석하기 만하다.

무지개를 찾는 사람

작은오빠한테서 이사해야겠다는 전화가 왔다.

옆방에 정신이상자가 이사 와서 괴롭히니 못 살겠다고 다른 방을 구해달라고 했다. 원룸 임대업을 하는 아는 형님한테 전화를 하니 와 보라고 했다. 그래서 산격초등학교 옆에서 작은오빠를 만나 형님의 원룸에 가보기로 했다. 작은오빠는 남보다 작은 키에 머리는 백발이고 바지는 헐렁하고 남방은 꾀죄죄해 몰골이 형편없었다.

1950년대 말, 경북고등학교 우등생이었던 작은 오빠는 서울대 법대에 불합격하고 중앙대 법대를 나와 서울대 행정대학원을 졸업했다. 어릴 때부터 말이 없던 작은오빠를 두고 어머니는 대학입시 때, 치대를 나와 치과의사를 하면 말 별로 안 해도 되니 적성에 맞을 것 같다며 치대에 진학할 것을 권했다.

"맨날 썩은 이만 보고 평생을 어떻게 사노."

그러면서 작은오빠는 기어코 법대를 택했다. 정치가나 법관을 되겠다고 했다. 대학원을 졸업하고도 5년이나 고시공부를 더 했지만 낙방이었다. 가족들 모두 공부 그만하고 이제 취직이나 하라고 권했다.

결국 작은오빠는 철도청 새마을호 과장으로 취직 했다. 그러나 1년도 못 버티고 나왔다. 다시 행정고시 공부를 하겠다고 했다. 어머니는 그저 공부한다고 하니 반가워서 금붙이를 팔아 하숙비를 대주었다. 그때도 행시 1차는 합격했으나 2차는 불합격이었다.

큰오빠가 작은오빠에게 나이도 있으니 고시는 그만 단념하고 취직하라고 하니 이번에는 경산시 7급 공무원으로 들어갔다. 거기에서도 몇 개월 못 버티고 나왔다. 왜 그만 뒀냐고 하니, 불 끄러 가라 하고 장마로 강물 불어나면 강으로 나가라 해서 그만 뒀다고 했다. 큰오빠는 "이젠 굶어 죽는다 해도 안 돌본다."고 했다.

결국 작은오빠는 직장을 7번이나 들어가 놓고도 적응을 못하고 그만 뒀다. 그래도 어머니는 다섯 형제 중 유일하게 실업자인 작은오빠를 위해 80년도에 생맥주집을 열어 7년간 고생하며 돈을 많이 벌어 작은오빠에게 줬다. 어머니는 돌아가실 때까지도 "내가 없더라도 재근이 버리지 말고 잘 보살펴줘라."면서 당부를 하였다.

그 후 큰오빠는 서너 달에 한번 50만 원씩 나를 통해 작은오빠에게 보냈다. 큰오빠는 어머니와의 약속 때문에 작은오빠를 보살피긴 하지만 작은오빠에게 직접 무엇을 주진 않는다. 작은오빠 역시 곧 죽어도 자존심 때문에 형한테 직접 달라고 하지 않고 항상 여동생인 나한테 중간 역할을 시킨다.

지금도 작은오빠는 정부에서 기초생활수급자에게 주는 몇 십만 원에다 노령연금을 보태어 월세 십만 원짜리 방에서 근근이 살아가고 있다.

경북대학교 북문 근처에 있는 원룸엘 가보니 보증금 3백만 원에 월세 30만 원인데 빈 방이 3층에만 있었다. 작은오빠는 다리가 아파 1층을 원했다. 잘 걷지도 못했다. 다리가 왜 그러느냐고 물으니 저리고 아프다고 했다. 기운도 없어 보이고 이는 빠져 합죽하고, 몰골이 형편없었다. 적당한 방을 구하지 못하고 허탕치고 돌아온 그날 밤 작은오빠 생각에 나는 밤새도록 마음이 아파 잠을 못 잤다.

지금 살고 있는 집에서 8년이나 잘 있었는데 갑자기 이사 가야겠다고 하니 답답했다. 도대체 왜 그러는지 알아보기 위해서 남동생을 불러 함께 작은오빠가 살고 있는 집을 찾아갔다. 저녁때가 됐는데도 작은오빠는 없었다. 반야월 기원에 있다며 못 온다고 했다.

이튿날 오전에 다시 동생과 함께 오빠 집을 찾아갔다. 또 없었다. 작은오빠는 동촌에 있으니 그냥 가라고 해서, 주인을 한 번 만나 볼 테니 전화번호를 알려 달라고 했다. 집주인을 만나고 보니 나와는 함께 복지관에서 스포츠댄스를 하는 아는 사람이었다. 우리가 온 이유를 말하고, 어떤 정신이상자가 있기에 오빠가 이사까지 하려 하는지 알아보고 싶다고 했다. 방이 다닥다닥 붙어 있는데 작은오빠 방 바로 옆에 두 달 전 모자가 이사를 왔다고 했다. 아들이 정신적으로 문제가 있어 밤낮 고함을 질러댄다고 했다. 우리는 그 모자를 만나 주의시키고 남에게 피해를 주지 않도록 해달라고 주인한테도 협조를 구했다.

작은오빠한테 '이제 안 그러겠다' 고 하니 그냥 살아

도 되지 않겠냐고 했다. 하지만 작은오빠는 막무가내로 방을 얻어 나가야겠다고 했다. 동생이 '큰형님 나이도 많고 무역회사도 잘 안되는데 어떻게 형한테 매월 30만 원씩 더 보태 달라고 할 수 있겠냐'면서 조금만 참고 있으라고 하였다. 이제 주인도 많이 신경 쓰겠다고 했으니 괜찮을 거라고 달랬다. 결국 작은오빠는 살던 집에 그대로 눌러 앉았다. 며칠 동안 태풍이 지나간 느낌이었다.

어제는 작은오빠와 함께 삼계탕 먹자고 식당으로 나오라 하니 본인이 사 먹겠다고 거절했다. 혈액순환 영양제를 사 주려고 해도 안 먹는단다. 고집은 황소고집이다. 그래도 남루한 모습이 눈에 밟혀 가슴이 아려온다. 아무리 미우니 고우니 해도 피를 나눈 남매지간이라 어쩔 수 없다.

며칠 뒤 KBS TV '추적60분'에서 '한 평 방안에 갇힌 사람들'이란 프로그램을 방영했다. 그곳에 살고 있는 사람들의 생활모습을 밀착 취재했는데, 쪽방촌 주위의 풍경, 주인의 횡포 등이 시청하기에 몹시 불편할 정도였다. 아나운서가 직접 쪽방촌에 들어가서 일주일 동안 체험하는 모습까지 보고 나니 생각이 복잡해지고 마음이 갈래갈래 찢어졌다. 작은오빠가 계속 겹쳐 보였다. 작은오빠가 이 무더운 여름철에 작은 창문 하나밖에 없는 골방에서 지낼 걸 생각하니 끔찍했다.

작은오빠한테 다른 방을 얻어 주겠다고 하니 좋다고 했다.

친구를 만나 산책하면서 오빠와 관련된 고민을 얘기했다. 그랬더니 월세는 사라지기 때문에 전세를 얻어 주면 나중에 찾아 나오니 좋지 않겠느냐고 했다. 그 방법이 괜찮을 것 같았다.

큰오빠한테 내가 천만 원을 낼 테니 오빠도 천만 원을 보태서 전세를 얻어주자고 하였다. 그런데 이천만원짜리 전세가 없었다. 한 부동산사무실에 들어가서 사정 얘기를 했더니 정부에서 영세민을 위한 월세 지원책이 있다고 했다. 북구청 복지과에 문의했더니 최대 16만5천 원까지 보조해 준다고 했다.

다시 전세에서 월세로 바꾸어 알아보기 시작했다. 양옥 2층인데 보증금 200만 원에 월세 25만 원 짜리 방 2개가 있었다. 크고 깨끗한 곳이었다. 넓은 발코니가 있고 창문도 큼직하고 시원하게 보였다. 그 날 바로 계약했다. 하늘에 계시는 부모님도 기뻐하시는 것 같았다.

작은오빠가 넓고 쾌적한 방에서 살아가게 되어 기뻤다.

 젊은 날 작은오빠가 꿈을 위해 죽기 살기로 집중 노력했다면 고시에 합격했을 것이다. 그렇지 않고 최선을 다해 노력했는데도 불합격했다면, 최선을 다 해 본 그 에너지가 주는 용기와 지혜로 차선을 선택했을 것이다. 그랬다면 오빠가 행복한 삶을 살 수 있었을지도 모르겠다.

 '최선과 차선'을 가를 기준이 어디 있단 말인가. '차선'이라곤 하지만 삶에서 부딪치는 숱한 선택 중에는 세상을 이롭게 하는 일에는 헤아릴 수 없이 많다. 그러기 위한 길과 방법 또한 숱하게 많다. 오빠가 그 평범한 진리를 모르는 것이 너무나 안타깝다. 작은오빠는 결혼 생활을 해 본 적도 없으니 부부 사이의 끈끈한 정도 모르고, 자식과 부모 사이의 정도 모르고, 형제는 있어도 형제들과 나누는 정은 모른다. 그러니 이웃과 정을 나누며 살기란 참으로 힘들 것이다.

 새 집으로 이사 하여 작은오빠가 더 이상 외로운 섬으로 살지 않았으면 좋겠다. 자신의 몸과 마음을 튼튼히 하여 세상 속으로 들어가 남은 시간이나마 정을 나누며 보람을 느끼게 되길 간절히 바란다.

　오빠의 능력 범위 안에서 하고 싶은 일이 생겼으면 좋겠다. 그렇게 되길 간절히 기도로 응원한다.

포기하지 않고 외면하지 않고
-온두라스 교도소에 방치된 '대한민국 한지수'

"제가 왜 여기에 있는 건가요?"

2차 심리에서 살인죄가 적용되어 재판받아야 한다는 판사의 판결을 들었을 때는 온 몸이 떨리고 심장이 멎는 듯한 충격에 빠졌습니다. 울분에 휩싸였습니다. 이게 무슨 날벼락인가요. 그동안 눈물은 충분히 흘렸다고 생각했지만, 목까지 차오르는 뜨거움은 또 다시 눈물이 될 태세입니다. 몸이 부들부들 떨립니다. 입술을 지그시 깨물고 나는 이런 일을 겪을 만한 일은 결코 하지 않았다는 것을 다시 모든 분께 말씀드리고 싶습니다.

수감자 한지수 26살.

악을 쓰고 통곡해도 이 땅에 전해질 리 없다. 편지의 발신지는 쿠데타 정부가 들어서 있어 치안이 불안정한 나라, 시차만 14시간이 되는 중남미 온두라스. 더 정확히는 라세이바 지역의 엘 포르베니르 교도소. 온라인이 아니었다면, 그의 글이 교도소 담장을 넘어, 온두라스 수도 테구시갈파와 멕시코를 거쳐 서울 편 비행기를 타야만 닿을 수 있는 이곳에 당도하지도 못 했을 것이다.

그곳에서 보내는 악몽의 시간은 끝이 보이지 않았다. 2009년 10월 30일로 한 씨가 그곳에 수감 된 지 한 달이 됐다. 한지수는 지난 해 네덜란드 국적의 20대 여성 마리 스카마스트를 살해한 혐의를 받고 있다. 인터폴 적색수배 명단에 올라 올 8월 27일 이집트에서 붙잡혔으니 실상 두 달이 넘도록 영어의 몸인 상태다.

그는 결백을 강력히 주장한다. 그리고 조국 대한민국에 대해 당당하게 그러나 애절히 도움을 구하고 있다. 하지만 지난 두 달 동안 정부는 이미 여러 차례 기대에 엇나갔다.

한 씨 가족의 설명에 의하면, 관광지로 알려진 로이틴 섬의 한 '다이빙 숍'에서 한 씨는 다이버 마스터 과정을 시작했다. 영국과 오스트레일리아를 이중국적으로 하는 30대 남성 대니엘 로스가 강사였다.

그해 8월 23일 이른 아침, 다이빙숍 근처의 한 주택에서 마리스카는 벌거벗은 채로 돌연사 한다. 대니엘의 방 침대 위였다. 대니엘과 한 씨가 그의 곁에 있었다. 한 씨는 대니엘의 방 2개짜리 집에 세 들어 살았다. 마침 대니엘이 사는 집에 빈방이 있어, 돈을 아끼려 이사했다고 한다. 마리스카는 대니엘의 또 다른 수강생이었다. 전날 한 바에서 술을 마셨고, 셋이서 함께 다니엘 방으로 들어갔다. 이튿날 아침 6시께 마리스카는 다니엘의 침대 위에서 변을 본 채, 숨을 헐떡이게 된다. 대니엘은 심폐소생술을 했고, 한 씨는 대니엘의 부탁을 받고 이웃의 도움을 청했다. 하지만 병원으로 옮겨진 마리스카는 다시 돌아오지 않았다. 한 씨는 그 새벽 방에서 무슨 일이 일어났는지 모른다.

온두라스 사법당국은 대니엘과 한 씨를 공범으로 구속했다.

한씨는 "대니엘과 제가 삼각관계고, 애정문제로 인한 살인이라고 추측하고 있다."고 했으나, 다니엘은 불과 하루 이틀 사이에 다른 여자를 데려온 적도 있다고 했다.

로이탄 경찰은 당시 다니엘을 체포 수감했다. 한 씨는 법정 증언을 했다. 그런데 다니엘은 영국 국적의 여권을 압수당한 채 보석으로 풀려났다고 한다. 다니엘은 곧장 오스트레일리아 국적 여권으로 온두라스를 떠났다. 부검 조사가 끝나지 않는 상황이었다.

한 씨는 경찰 조사를 받으며 강사자격증을 땄고, 그해 9월말 무리 없이 온두라스를 떠났다. 그리곤 이집트에서 다이빙 강사로 6개월가량 일했다. 그러다 출국하려던 올 8월 27일 카이로 공항에서 붙잡혀 구금까지 됐다. 9월 22일에는 온두라스로 전격 송환됐다.

한 씨의 소재는 가족이 직접 파악했다. 출감한 어느 수감자가 한 씨의 부탁을 받고 대한민국 한 씨 집으로 전화해 준 덕분이다. 체포되고 일주일이 다 되어서였다 가족은 대사관에 연락해 '신병확인'을 요청했고, 영사는 이튿날 한 씨를 면회했다. '조국'과의 첫 대면이었다.

외교통상부는 '온두라스의 불안정한 정세와 열악한 구치소 환경 등을 감안해 한 씨가 불구속 상태에서 재판받을 수 있도록 요청'하고 1차 용의자인 다니엘의 신병확보를 위해 적극적인 조치를 취하고 있다고 얘기했다. 현지 대법원장을 접촉해 우리 정부의 우려 사항과 요청

사항을 전달했다고 하지만 판결이 어떻게 나올지 예측하기 어렵다고 했다. 그곳 검찰은 한 씨에게 30년을 구형한 상태라고 했다.

한지수 씨의 단란했던 가정은 폐가처럼 적막해졌다. 그의 아버지는 부동산업을 접고 9월말부터 온두라스로 가 재판을 돕고, 어머니는 미국 국제 앰너스티 등 의탁할 인권단체를 수소문했다. 언니 지희(당시27. 회사원) 씨는 구명운동을 하느라 네댓 시간을 겨우 잤다. 낮과 밤이 따로 없었다. 퇴근 뒤엔 온라인을 통해 구명운동을 펼치고, 새벽엔 아버지, 동생과 연락을 했다.

온두라스 대사관도 두 달 동안 90여 차례 전자우편, 면담, 전화 상담을 했다고 한다. 특히 아쉬운 것은 사망자의 나라 네덜란드의 적극적인 협조인데 한국은 미온적으로 대처한다는 것이다.

한 씨가 등록했던 다이빙 숍 강사가 한 씨의 억울함을 알리는 글을 인터넷에 올렸다. 네덜란드 대사관 쪽에서 찾아와 글을 삭제해 달라고 했단다.

한지수씨는 '물적 증거는 없지만 네덜란드의 압박이 있는 것 같다'고 했다. 우리 정부는 타국의 사법 절차를 존중해야 한다고 했으나 한쪽이 힘을 가할 때 다른 쪽이 그만큼 힘을 가하지 않으면 안 된다고 말한다.

다행히 국민들에게 한지수 씨가 인터넷에 올린 구명 글이 삽시간에 퍼졌다. 카페가 만들어지고 교민들이 직접 한 씨를 면회하고 김치와 라면 등을 주었고, 거기에서 병원을 짓고 있던 'ㅅ'건설사는 영치금을 주기도 하고 한 씨가 시멘트 바닥에서 자다가 얼굴이 돌아간 사연을 듣고 교도소 안에서 구할 수 없는 합판으로 침대를 만들어줬다.

2009년 살인누명을 쓰고 머나먼 타국 온두라스의 교도소에 수감되었던 한지수 씨는 말했다.

"저는 자포자기했어요. 하지만 제가 자포자기하고 넘어져 있는 동안에도 언니가 게시판에 올렸던 글은 살아있었어요. 그리고 사람들의 관심은 커졌어요. 그러다 KBS방송의 추적60분에서 우리 마음속에 있던 작은 불씨를 지폈어요. '아, 우리에게 이런 불씨가 있다. 이거다. 길이 있어' 이렇게 알려주는 것 같았어요."

언어도 통하지 않는 이국땅에서 영어의 몸이 된 한지수 씨가 얼마나 낭떠러지에 떨어지는 느낌이었을까 생각해본다. 그래도 '하늘이 무너져도 솟아날 구멍이 있다'는 속담처럼 포기하지 않았던 본인과 가족들의 신념이 있었고, 남의 불행을 외면하지 않는 우리 국민들이 있었기에 1년 가까이 온갖 노력으로 무죄판결을 받고 풀려날 수가 있었던 것이다.

한지수 씨의 앞날에 이젠 꽃길만 있길 빈다.

외국에 나가서 불이익을 겪는 사람이 없었으면 좋겠다. 특히 이번 경우처럼 국적 인종을 불문하고 네티즌들이 타인의 삶에도 애정과 관심을 더더욱 많이 가졌으면 좋겠다.

헝가리 유람선 침몰 사건을 보면서

헝가리 부다페스트 다뉴브 강에서 유람선이 침몰했다.

2019년 5월 29일 저녁 한국 관광객들이 다뉴브 강의 야경을 보고 돌아오는 길에 아주 큰 우크라이나 소속 크루즈선과 부딪쳤다. 이 큰 배는 작은 배를 추월 한다는 신호도 보내지 않고 추월했다. 그 바람에 허블레이나 유람선은 큰 배와 부딪쳐 침몰하고서도 한 바퀴 회전해 끌려갔다고 한다.

그 유람선에 탔던 사람은 얼마나 고통스러웠겠나! 할아버지 할머니 젊은 엄마와 여섯 살 난 딸 등 일가족 4

명은 조부모가 손녀를 키워준 보답으로 여행을 떠났다가 변을 당했다. 또 어떤 가족은 동생이 큰 회사에 다니다 너무 힘들어서 사표를 낸 후 누나와 함께 유럽여행을 떠났다. 누나는 살아났고 동생은 못 올 길로 떠났다. 세상을 위해 어떤 일을 해낼지, 얼마나 행복하고 아름다운 삶을 살지 모르는 스물여덟의 아까운 청년이었다. 한국인 탑승자 33명 중 7명은 구조됐으나 23명은 사망했고 아직 3명은 실종상태란다.

145M 바이킹호 크루즈 선은 우크라이나 소속으로 선장이 사고를 낸 뒤 그대로 가다가 다시 후진해 와서 보고도 구조를 하지 않고 운항해갔단다. 선장은 태만과 부주의로 구속됐다가 보석금을 내고 풀려 난 상태란다.

허블레이나 유람선은 길이 27M 최대 60명이 탑승 할 수 있는 소형선으로 1949년 옛 소련에서 건조된 낡은 배였다. 다뉴브 강 야경 관람은 헝가리의 중요 유람선 관광코스로 인기 있었는데, 밤에 타도 될 만한 안전장치는 안 보였단다.

얼마 전 다뉴브 강 야경투어를 체험했다는 어느 관광객은 "밤 10시쯤 배를 탔는데 구명보트는커녕 구명조끼

도 안췄고 안전장치 또한 아무 것도 없었다. 요즘의 우리나라 같았으면 운행하기 힘든 환경."이라고 말했다

대통령은 30일 헝가리 총리와 통화해 구조활동에 협조를 요청했다고 한다. 세월호를 경험한 구조대를 헝가리에 급파하고 피해자 가족들도 헝가리로 출발하였다. 참으로 안타깝기 짝이 없다.

다뉴브 강가에 촛불과 조화가 놓이기 시작했다. 헝가리 시민들이 자기 나라에 와서 사고를 당한 분들을 위해 그렇게 명복을 비는 것이다. 서투른 한글로 돌아가신 분들의 명복을 비는 추모시를 써서 붙이기도 하고 아리랑을 부르기도 하며 애도하는 모습을 종종 볼 수 있단다. 또 한국인을 만나면 진지한 눈빛으로 위로해 준단다.

헝가리 사건의 원인을 명백히 밝히고 사고 요인을 제거해야 하는 것이 당연하다. 하지만 사고당한 사람들의 안타까운 사연들은 누가 어떻게 위로해 줄 수 있겠는가.

모든 대형 사고는 천재지변이 아닌 인재인 법, 이번

사고 역시 그러했다.

  실종자를 찾기 위해 아직까지 노력하고 있는 잠수부들한테도 아낌없는 응원을 보낸다.

  아울러 먼저 가신 그 분들의 넋을 위로하고 명복을 빌어본다.

보이스 피싱을 걱정하다

11년 전 석가탄신일 낮이었다.

미용실에 갔다 오니 집에 남편이 없었다. 어디 있냐고 전화했더니 곧 들어간다고 했다. 아무리 기다려도 오지 않아 혼자 늦은 점심을 먹었다.

오후 2시경이 되어서야 돌아온 남편은 곧 쓰러질 것 같았다. 얼굴이 백짓장같이 하얗게 질려 있었다. 왜 그러냐고 물어도 말을 못 하겠단다. 얼른 마실 물을 주면서 무슨 일인지 천천히 얘기해보라고 하였다. 나도 덩달아 가슴이 두근거리고 입이 바짝 탔다.

한참 만에 입을 연 남편은 전화사기를 당했다고 했다. 그때만 해도 전화사기란 말이 얼른 이해가 되진 않았다.

12시경 전화가 왔는데, 당신 농협카드가 복사되어 사기꾼들이 당신 돈을 빼가려고 하니 전화를 끊지 말고 빨리 은행 인출기로 가서 시키는 대로 따라하라고 하더란다. 그래서 허겁지겁 은행인출기 있는 곳으로 달려갔다.

"옆에 손님들이 있느냐고 묻고 난 후 따라 하라고 하기에 그대로 따라 했지. 의심이 되면 경찰서에 가서 물어 보라고 하더라. 다 마치고 난 뒤에서야 계좌 이체한 것을 깨달았어. 아차, 큰일 났다 싶어 경찰서로 달려가 얘기 하니 이미 돈은 찾을 길이 없다고 하네……."

순식간에 400만 원을 사기 당하고 나니 눈앞이 캄캄했다. 요즘 같으면 이체해도 30분 후에 돈이 인출되지만 그때는 보이스 피싱이 흔하지 않던 때라 그대로 당했던 것이다.

남편은 옷도 잘 안 사 입고, 생활비 빼고는 그대로 저축하는 사람이다. 그런 남편이 어이없이 사기를 당했으니……. 며칠을 끙끙 앓아누웠다. 사기 당한 돈도 중하지만 어이없는 속임수에 넘어간 자신을 탓하느라 더 힘들어 보였다. 난 사람이 안 다쳤으니 됐다고, 돈은 있다고도 없고 없다가도 생기는 법이니 액땜 한 번 세게 했다 여기라며 위로했다.

 그 후 남편은 휴대폰이든 집 전화든 모르는 번호로 전화가 오면 절대로 받지 않는다.

 세상에는 노력 없이 남의 돈을 가로 채는 사람이 많다. 그 수법도 나날이 발전하고 피해자 수나 금액도 엄청나게 늘어나고 있다. 그래도 요즘엔 보이스 피싱을 예방하기 위해 홍보는 물론 여러 장치를 해 두었지만 여전히 근절되지 않고 있다.
 어느 시대든 범죄 없는 시대야 있겠냐마는 선량한 사람이 당하고 가슴 아파하는 일이 없었으면 좋겠다.

부동산 유감

동산부동산중개사 전상복 씨가 빨리 오라고 연락이 왔다.

서둘러 약속 장소로 나가 복현오거리 앞에서 그 사람의 차를 탔다. 차 안에는 늘 같이 다니던 사람이 타고 있었다.

대구시 달서구 대실역 근처에 대지 100평 건물에 건평 184평인 건물을 보러가자는 것이었다. 건물은 성주로 가는 대로변에 위치해 있었다. 가격이 9억5천만 원이란다. 1층 안을 들어가 보니 깨끗했다. 통닭집을 하고 있었다. 2, 3층은 비어 있었고, 4층은 아들네가 살고 있었다.

딸한테 문자로 옆 부동산 몇 군데 알아보고 이 집으로 오라고 했다. 딸은 저녁이라 부동산 문이 닫혀 있다면서 바로 내가 있는 곳으로 왔다. 집을 보더니 괜찮다고 했다. 난 딸과 돈을 합쳐 건물을 사려고 전부터 보러 다녔다.

전상복 씨는 오늘 내로 계약하면 그 가격이고 내일이면 13억이라고 했다. 건물이 13년 정도 되었는데 이정도면 괜찮겠지 하고 우선 가계약을 하고 내일 계약금을 다 주기로 했다. 이튿날 9천500만 원을 마저 주고 계약을 했다.

딸이 사흘 후에 그 거리를 가 봤는데 아무래도 잘 못 샀다면서 큰일 났다고 했다. 왜 그러느냐고 물었다. 길 건너 대경부동산에 가서 물어보니 그 건물은 딱 9억만 주면 사는 물건이라 하더라는 것이다. 부동산 중개인 말만 믿고 오늘 계약 안 하면 안 된다 하기에 샀더니….

일주일 후 계약금을 반환해 달라고 하니 안 된다고 했다. 전상복 씨가 동산부동산 중개보조인이 맞는지 구청에 가서 알아보니 부동산 중개인으로 등록되어 있지 않았다. 중개인 아닌 사람이 중개했으니 무효라고 계약금 반환해달라고 했더니 이번에도 거절했다.

경대 북문 앞 아는 부동산에 가서 물어 보니 일단 계

약서에 도장을 찍었으니 우리가 불리하다고 했다. 난생 처음으로 계약서에 도장 찍어본 것인데, 그렇게 큰 의미인 줄 몰랐다. 집에 와서 남편한테 혼나고 고개도 못 들었다. 그 주위 부동산 얘기론 1년 전부터 나온 건물인 데 2, 3층은 3년 전부터 비어 있었다고 했다. 그저 부동산 중개인이 5억 보증금에 월세가 350만원씩 나온단 말만 믿은 내가 잘못이었다.

그날 저녁 딸이 와서 내가 전상복 씨와 이야기한 사실을 녹취했다. 그 사실을 전부 적고 녹취록과 함께 경찰서에 사기죄로 고소했다. 그리고 동산부동산 주인한테 전화를 걸어 중개보조원이 아닌 사람이 중개했으니 이 계약은 무효라고 주장하면서 주인한테 돈을 돌려달라 하라고 했더니 주인도 완강히 거절했단다. 변호사한테 물어보니 안 된다고 했다. 그저 집주인한테 읍소하여 사정하는 수밖에 없다고 했다. 집주인은 성주에 복숭아밭을 크게 하는 부자였다. 성주 집 주인은 내용증명을 보내도 안 받고 돌려보냈다.

친구 홍영희가 전부터 아는 홈플러스 옆 부동산을 찾아가서 사정 얘길 했더니 아는 변호사를 소개해 주었다. 달서구 법원 근처에 있는 전직 부장판사란다. 물에 빠진 사람이 지푸라기 잡는 심정으로 찾아갔다. 김 변호사는 나를 보자마자 혼부터 내었다.

"10억이나 되는 물건을 사면서 어떻게 남의 말만 믿고 사요. 7주일 정도는 돌아보고 생각해 보고 또 생각해 본 다음 사야지……."

 물론 남의 말만 믿고 덜컥 계약부터 한 내 무지한 행위가 가슴 아프다. 김 변호사는 내용증명에 부동산 00조에 의해 이 계약이 잘못되었다고 첨부해 경찰서로 부쳤다.

 그 사이 부동산에서 답변서가 왔다. 전상복은 아파트 짓는 사람이고 자기 부동산에 등록된 중개보조인은 김병성, 유상철이라고 했다. 난 분명히 전상복이란 명함을 받았고 유상철이가 전 과장이라고 부르는 걸 똑똑히 들었다.

 코끼리부동산 주인한테 애기하니, 죄가 무거우니 사람을 바꿔치기한 것 같다고 한했다. 성주 집에 가서 다시 사정하니 땅을 사려고 계약을 해버려서 돈이 없다고 했다. 집 주인은 돈을 안돌려 주려고 온갖 머리를 썼다. 천 원짜리 한 장도 아끼고, 콩나물 사는 데도 아끼느라 벌벌 떨면서 모아온 돈을 날리니 가슴이 터질 것 같다.

 경찰서에서 오라고 연락이 와서 남편과 같이 갔더니

그동안의 경위를 쭉 조사했다.

며칠 뒤 부동산에서 등기우편을 보냈는데 자기들은 13억 원짜리라고 말을 하지 않았고 9억5천만 원짜리라고 얘기했다며 딱 잡아 뗐다. 딸이 녹취록을 보여주니 아무 말이 없었다. 딸도 같이 계약했으니 얼굴이 많이 수척해 있었다.

김병성과 유병철이 딸한테 만나자고 연락을 했다. 자기들에게 한 고소를 취하하면 돈 받는데 최선을 다해 도울 테니 취하해 달라고 했다. 아는 부동산 아저씨는 고소를 취하하면 돈을 못 받는다면서 절대 취하하지 말라고 했다.

경찰서에서 검찰청으로 고소장이 10월 17일 넘어 가는 데 두 달 동안 합의보라고 연락이 왔다. 또 부동산에서 고소를 취하해달라고 연락이 왔다. 이번엔 사위가, 당신네들은 최소한의 양심도 없느냐며 호통을 치고 돈을 받아달라고 했다. 딸은 성주 집 주인한테 찾아가서 삼천만 원만 제하고 나머지는 돌려 달라고 사정해도 거절당했다고 했다.

석 달 동안 매일 새벽기도를 나갔다. 매일 밤잠을 못 자 수면제를 먹어야 했다. 전부터 아는 부동산 채 사창은 검사한테 연락해서 왜 전상복이 김병성으로 바뀌었는지 조사해달라고 요청하라 했다. 그래야 부동산 주인이 겁을 내어 주인을 조르게 된단다.

며칠 있으니 부동산에서 얼마 받으면 되겠냐고 했다. 처음엔 사천만 원으로 해결보자고 했다. 안 된다고 하니 오백을 더 준다고 했다. 채 사장이 '내가 이순옥의 외사촌인데 왜 부동산 소개를 그렇게 했냐'면서 '너희들한테 책임이 있으니까 오백만 원을 물어내라'고 호통을 쳤다. 아는 동생이 수사과장인데 부동산의 잘못이 많다고 했단다.

그래서 겨우 오천만 원만 받고 합의서에 도장을 찍어줬다.

이번 석 달 동안 신경 쓴 것은 내 평생 잊지 못할 것이다. 앞으로는 돌다리도 두드려가며 건너야겠다. 큰 경험을 했다.

제4부
은행 알 통통

친구들과 여행 중

소낙비·1

빗줄기 부딪치는 창밖을 보네
우산도 없이
마주보며 빗속에 선 청춘남녀
아름다워라

청춘의 어느 시절
인생은 굵고 짧게
촛불같이 활활 타고 사라지자던
은근한 그 눈길이 좋아
가슴 두근거리던 때가 있었지

아가페의 뜨거움 안고
그가 앞에 서면 후광이 서렸지
내 눈은 덩달아 반짝였지

고운사람

반짝이는 내 마음 눈치도 못 채고
어느 날 소낙비 속으로 사라졌지
내 가슴에도 소낙비 쏟아졌지

지금은 얼굴도 아슴한
흐릿한 기억의 뒷모습
안개로 남아있네

쏟아지는 빗줄기가 정겹네
손잡고 달려가는 뒷모습
추억이 실려 가네
세월이 실려 가네

명품

쌀 열 가마니 팔에 걸고
우쭐거리고 싶은 손 흔들며
백화점에 간다
명품 가방 들면 나도 명품 될 수 있을까

한 달 동안 죽어라 일한
남편 월급 쥐고
긁힐 바가지 따윈 잊은 지 오래
여기저기 명품가게 기웃거린다

아이쇼핑만으로 삼켜 온
마른 침이 얼마나 될까
부러움에 타오르던 눈
꾹 감은 게 몇 번이었나

에이, 작게 먹고 가늘게 누어야지

일어나는 욕심을 꾹꾹
헛기침 몇 번으로 녹인다

명품 가방에 명품 옷 두르면
뱁새가 황새 될까
오늘도 헛물켜다 돌아선다

배냇짓

앙증맞은 작은 몸
두 손 꼭 쥔 채 잠 든 얼굴
사랑의 꽃밭에서 노는가
오물오물 방긋방긋 찡긋찡긋

조갑지 같은 작은 발
채 뜨지 못한 눈
잠결에 방그레 웃는 얼굴
배냇짓이라는데
엄마 아빠 나눈 밀어
엿들은 것인가

터질 것 같은 볼
향기로운 머리카락
꼭 쥔 두 주먹
어느 것 하나 미운 데가 없네

아가야

천사가 살포시 내려 왔나

사랑의 꽃밭에서 잘 자라거라

온 식구들 두 손 모아 기도하네

백암온천

티 없이 파아란 하늘
오월 해가 중천에 있어도
풍덩 뛰어들고 싶다

울창한 소나무 숲
하늘과 맞닿았네
일렁이는 아카시아 숲 사이
바람이 시원하구나

시원함에 취해 시간을 잊다보니
어느새 으스름 밤하늘
무수히 많은 별들의 잔치
반달은 게으름부리다 이제야 떴네

하늘엔 별빛

지상엔 불빛만

온천장 뜨거운 물
육신을 어루만지고
세파에 찌든
마음까지 녹여주네

친구야 이리와
묵은 시름 내려놓게

별똥별

인생은 굵고 짧게
이루지 못할 언약들로 굵어진
느티나무 아래에서
아가페 꿈을 꾸었지
별이 찬란히 가슴에 들어왔지.

저녁안개 팔랑이던 잎들 가려버리면
별은 내 가슴에 들어와
그 사람이 되었다
단짝 용이가 그 사람 좋아한다고 말하던
그 어느 초가을 밤하늘은
어찌 그리 깜깜하던지

빛을 잃어가던 별
아파트 난간 위 손톱 달 뒤에 숨어
얼마나 앓았나

곪은 자리 가시 되어
툭 빠진다.

나 몰래 참 오래도 견뎠다
저 어둠
저 별똥별

생일

젊을 적엔 자식 셋 공부 시키랴
허리 띠 졸라매고
생일이 무언지 모르고 살았다

아들은 제 자식 대입 때문에 정신없어
생신 못 챙겨 미안하단다
막내딸은 달랑 화장품 택배로 보내고
첫째 딸은 전화 한 통 없다

애써 키워 봤자 소용없네
늙은이 적적함 달래줄 이 없네

보소!
우리끼리 맛있는 거 묵으러 갑시다
아무리 살기 바빠도 이럴 수 있나

어허! 그래도 자식들 원망 말게
우리끼리 의지하며 살아요
여행도 다니고
못 다한 일 하면서

열대야

미운 일곱 살 민이는
냉장고 문을 생쥐 쥐구멍 드나들 듯 열어댄다
냉장고가 삐익삐익 문닫아 달라 소리친다

욕조에 돛단배 띄운 새침데기 네 살 윤이는
물고기마냥 찰방찰방 파아란 바다 꿈꾼다

폭 간 절인 고등어 된 아빠
와, 오늘도 39도네
선풍기도 헉헉 에어컨도 헉헉
시원한 것 없나

입은 듯 안 입은 듯 초미니 엄마
모기 잡느라 여념이 없다
오늘도 불침번 서겠네
더위야 물렀거라

은행 알 통통

한들한들 소슬바람에
뒤척이는 이파리들
여인네 몸짓이네
눈부신 섹시 춤에
부끄러워 몸을 꼬네

반짝반짝 반짝
마주선 지아비
곁눈질로 화답하니
암수의 애정행각
농익은 몸

어느새 은행 알 통통
여물어가네

소낙비·2

검은 구름 뒷산을 넘어와
이글거리던 태양 덮치니
삽시간에 우르르 쾅쾅

천지간 흙냄새 피어오르고
나무들 들썩이며 빗줄기 맞이하네
목마른 자동차 목을 축이네

금세 아스팔트 도랑
흙탕물이 콸콸
애들은 우산도 없이 비 사이
손살 같이 뛰어가네

소낙비야 소낙비야, 곱게 내려라
우리 엄마 밭 떠내려가지 않게
속 타지 않게

기막힌 이별

엄마 품에서 세상구경 나온 까치새끼
낯선 카센터 처마 밑에서 비 피하다가
주인이 주는 모이 먹고 깜빡 잠 들었네

엄마까치 온종일 새끼 찾아 헤맸네
이 골목 저 골목
차에 치었나 살펴봐도 보이질 않네
아직은 날지도 못하는데
고양이가 물어갔나

어미까치 마침내 새끼를 보았네
카센터 모퉁이 공터에서 모이 쪼는 새끼
엄마는 어서 집에 가자고 까깍깍 깍깍
새끼는 안 간다고 깍깍
엄마는 새끼 곁을 뱅뱅 돌며 깍깍깍
새끼는 주인 곁을 뱅뱅 돌며 깍깍

자갈치 풍경

오가는 인파 속
시장이 싱싱하다

힘들다 싶을 때는
시장에 간다
눈보다 먼저 깨어나는 코
비릿하게 잡아끈다

날 것 그대로인 일상의 속살
질척질척
함께 섞이다 보니
살아야겠다
살만하다
충전 시작이다

좌판에 널려 있는 생선들

펄떡거리는 절박함
칼 든, 검붉은 얼굴의 상인들
흥정으로 신명 오른 사람들 뒤로
불그레 익어가는 하늘

좌판 생선 보는 눈이 예리해지고
걸음에 힘이 붙는다

풍선춤

리듬에 흔들리는 손이
허공에 걸린다.
둘이 추는 춤이라 더 좋다

슬픔을 슬픔으로 지우고 나니
안쓰러움에 목을 더 길게 늘인다

주저앉고 싶은 사람들
눈이 매운 사람들
차버리고 싶은 게 있는 사람들
두 풍선이 추는 춤 앞에선
속울음 삼키기도 하여라

괜스레 눈 부라려본들
허공은 허공일 뿐
몸 안의 바람이

다 빠져나갈 때까지
추어라
흔들어라

도시는 개업의 연속
하나보다 둘이라
더 정겨운 풍선춤
엇박자여도 좋다

다시 봄동산에 서다

서울 올라간 수웅
촌놈이라 독하게도 괄시하더라네
죽어라 앞만 보고 달렸다네
봄날 비탈이 막아서더라네
개나리 웃음도 막아서더라네

뉴스 메이커였던 결 고운 현이
우리 언제 다시 만날꼬
붉힌 눈시울 진달래였네

성큼성큼 걷던 광도
졸졸 따라다니던 용자
저마다 서릿발 이마에 얹어
더 이상 미끄러질 비탈은 없겠네

바람 부는 봄날

아무도 보지 않는 길섶에서
난 한 송이 민들레 되어
멋진 백마
환상의 나래 폈네

저마다 다른 길 가던 친구들
옛 교정에 모여
둥글게 마주 잡은 손
개나리 진달래 민들레
활짝 핀 꽃 울타리
참으로 환했네

버스 안에서

시간에 구겨진 사람이 버스에 오른다
텁수룩한 수염 꾹 다문 입
출근길 활기찬 젊음에 떠밀려
구석으로 몰린 작고 여린 사람
낡은 바지가 간신히 허리춤에 걸려 있다

청운의 꿈 꽃피울 날
눈앞인 줄 알았는데
깨금발 세월 다 무너져버리고
애지중지 아끼던 어머니 금붙이
세월 속으로 사라져갔네
애태우던 모정 자취도 없네

멍하니 허공을 향한 눈동자
버스와 함께 흔들린다.
지금까지 무얼 기다렸나

무얼 위해 버텨왔나

시간은 기다려 주지 않았고
버스는 사정없이 흔들리는데
저 홀로 휘청거리는 미련
아직 살아있으니 끝은 아니다

딸 성지네 가족

딸 수민이네 가족

제5부
기적을 베푸소서

피해도 안 되면 달래야지

　남편의 오른 팔에 조그마한 혹이 생겼다.
　몇 년이 지나니 점점 더 커져 계란 만해졌다. 팔을 들면 무겁고 아프다고 했다. 13년 전, 경북대학병원에서 진찰을 받으니 종양의 일종이라며 수술하라고 했다. 의사가 떼어낸 혹을 보여줬는데 기름덩어리였다. 마취가 풀리자 남편이 아프다고 난리를 쳐서 시트를 덮어주고 침대에서 떨어지지 않게 붙잡느라 혼이 났다.
　2인실에 입원했는데 옆의 환자는 대구시의원이었다. 그 시의원은 수술하고 이틀째였는데 코를 워낙 심하게 골아 잠을 잘 수가 없었다. 환자가 잠을 설치니 간병하던 난 더더욱 힘들었다. 간이침대가 있었지만 삼 일간

잠을 못 자니 온몸이 쑤시고 아파 굴신을 못했다.

그런 상태로 며칠 지나니 오른 손가락 마디가 퉁퉁 붓고 쑤시고 열이 났다. 어차피 병원 안에 있으니 바로 정형외과로 갔다. 류마티즈 관절염 같다면서 류마티즈 내과로 돌렸다. 혈액검사, 소변검사, X-RY 등 여러 검사를 했다. 검사결과 염증수치도 높고 증상도 그러하니 류마티즈 관절염이 맞다면서 약을 처방해주었다.

얼마 뒤 아침에 일어나니 온몸이 뻐근했다. 1시간정도 움직이니 서서히 괜찮아졌다. 또 왼쪽 손목 관절이 붓고 통증이 오고 열이 나서 물건을 제대로 집을 수도 들 수도 없었다. 의사는 일상적인 가사일도 하지 말고 남편의 도움을 받으라고 했다. 하지만 그게 어디 쉬운가, 겉이 멀쩡하니 괜찮은 줄 아는데….

그런데 약을 먹으니 속이 아팠다. 나와 같은 병을 앓고 있는 친구와 서로 상태가 어떤지, 어떤 약을 먹는지 얘기를 하다 보니 친구는 앞산 근처에 있는 모 내과에 다닌다고 했다. 나도 그 내과로 옮겼다. 하지만 그 병원에서 처방해 준 약 역시 위장장애가 생겼다.

그러다 남편이 아는 어느 분이 나와 같은 병을 앓아 가톨릭병원에 다니는데 그 분은 위장장애가 없다고 하였다. 난 또 가톨릭병원으로 옮겼다. 40대 여의사가 차분히 설명해주었다. 류마티즈 관절염이란 관절을 둘러싼 활액막에 염증이 발생하여 모든 관절에 침범하는 질환으로 수개월, 수년 동안 진행되는 만성질환이라고 했다. 특히 이 병은 자가면역질환으로 자기면역체 끼리 공격해 염증을 일으킨다고 했다. 처방약을 먹어보니 다행이 위장장애가 그리 심하지 않아 계속 가톨릭병원에서 치료받기로 했다.

혈액을 맑게 하는 영지버섯, 혈액과 관절에 좋은 영양제도 먹고 한약도 먹어 보았으나 특별한 차도가 없었다. 괜찮다가도 수시로 손목이나 손가락에 통증이 오고 붓고 열이 나 손을 잘 쓸 수가 없다. 그럴 때면 설거지나 청소가 남편 몫이 되고 만다. 그러다 보니 이 병은 평생 안고 가야할 병인가 보다 여기게 되었다.

교직생활을 할 때 교장으로서 스트레스를 많이 받아서인지, 체질인지, 나이 탓인지 여러 생각이 든다. 평소 일을 많이 하지 않고, 무거운 물건을 들지 않고, 한 자세로 오래 있지 않고, 긍정적인 생각을 하고, 운동은 하루 30분 이상 하고 있다.

기왕 동행할 수밖에 없는 병이라면 내 몸을, 류마티즈 관절염을, 달래가면서라도 좀 수월하게 동행해야겠다.

키 컸으면 좋겠네

 아버지는 초등학교 교사, 할아버지는 동촌면장을 지내셨다.
 어머니는 큰 과수원을 운영하는 동시에 경산군수를 지내시던 외할아버지의 맏딸로 자랐다.
 어머니가 십구 세 과년해서 혼처를 구하자 고모부가 중매를 했단다. 그때는 일본군 위안부로 안 끌려가려고 열여섯 살 정도 되면 시집을 보냈단다. 그래서 외할아버지가, 아버지가 차남이고 농사 안 짓는 공무원이고 집안이 괜찮다고 중매쟁이한테 사진을 보내달라고 했다. 얼굴이 동그랗고 코가 오뚝하고 사람이 착하게 보여, 결혼시키기로 하고 사성을 보냈다. 결혼 날짜가 임

박해지자 외할아버지가 사위될 사람을 불러 영진양복점에서 양복을 맞춰주기로 했다. 예비시위가 나왔는데 보니 키가 보통이 안 되고 다리가 짧은 것이었다. 외할아버지가 집에 돌아와 밤잠을 못자고 고민을 했다. 그 시절에는 사성을 보내면 혼인한 것이나 마찬가진데, 이제와 돌려보내고 파혼한다는 것은 집안의 큰 망신이어서 외할머니와 같이 걱정을 하다가 최종적으로 어머니한테 물어 보았다.

"신랑이 키가 작은데 어떻게 하면 좋겠냐?"

어머니는 다른 조건 다 괜찮은데 키 좀 작은 것이야 어떻겠나 생각하고 아무 말도 안 했다. 외할아버지는 묵묵부답이 곧 승낙이라 생각하고 그대로 혼인을 시켰단다.

그런데 부모님이 결혼해 아이를 낳으니 첫째오빠는 어머니를 닮아 키가 크고, 둘째오빠와 나는 아버지를 닮아 키가 작고, 동생 둘은 보통 키 정도였다.

난 중학교도 시험만 치면 합격을 하였고 경북에서 제일 좋다는 경북여고에도 합격했다. 내 친구 청자는 경북여고에 떨어져 울면서 대구여고 갔는데 나를 많이 부러워했다. 하지만 난 키 큰 청자가 부러웠다. 사춘기 때는 키로 인해 고민도 많이 하고 나쁜 생각도 했지만 엄마가 마음 상할까봐 실행에 옮기질 못했다. 엄마한테 왜 작게 낳았냐고 퍼붓고 울었다. 그러면 엄마는 아버지한테 가서 막 따지고 싸웠다. 고등학교 입학 무렵이 되자 아버지도 작고 싶어서 작았겠냐는 생각에 엄마한테 그만 싸우자고 했다. 그 후론 우리 집에 평화가 깃들었다.

생각해보면 자라면서 남보다 작은 키 때문에 콤플렉스도 많았지만, 그래서 더 인정받으려고 공부를 악착같이 해서 시험에 합격했던 것이다. 하나님은 인간에게 대체로 오복을 다 주지는 않는 것 같다.

하지만 작은 키로도 교육대학을 나와 65년도엔 초등학교 교사가 되었다. 열심히 아동교육에 심혈을 기울였고 96년도에 교감이 되었고 2003년도엔 교장이 되었다. 인생을 되돌아보니 큰 과오 없이 잘 지내 온 것 같다.

어쩌면 내 작은 키가 더 겸손하도록 만들고 더 성실하도록 인도했는지도 모르겠다.

딸 이야기

　자동차 안에서 음식 썩는 냄새가 났다.
　차 안을 둘러보니 아무 것도 안 보였다. 남편이 손전등을 들고 와 의자 밑을 샅샅이 뒤지니 썩은 음식봉지 하나가 나왔다. 매주 일요일 교회에 갈 때마다 막내딸을 만나면 주려고 전이랑 나물무침 등을 봉지에 싸서 주었는데 그 중 한 개가 빠졌던 모양이다. 차 안의 공기를 바꾸려고 며칠 동안 차문을 열어놓아도 고약한 냄새가 당최 빠지질 않았다.

　교사하랴, 아내 노릇하랴, 자식 키우랴 1인3역하는 딸이 보기 안타까워 수시로 음식을 나눠주고 있다.

지난 일요일엔 동생이 친정 부모님 성묘를 가자고 해서 교회엘 못 갔다. 그런데 막내딸은, 주일이면 어김없이 나를 만나다가 갑자기 안 보이니 전화를 해 무슨 일이냐고 이유를 물을 만도 한데 일주일이 다 되도록 전화 한 통이 없었다.

그러던 중 큰딸로부터 전화가 왔다.

"지난 일요일엔 엄마가 외할아버지 외할머니 성묘 가느라 교회를 못 갔거든. 그러면 수민이가 무슨 일이라도 있나, 아프기라도 한가, 왜 안 왔느냐고 전화라도 할법한데 일주일이 되도록 전화가 없어 속이 상하네."

"그래? 수민이가 왜 그랬지? 잘못했네. 그러면 안 되지."

큰딸의 말이 진심이든 아니든 내 말과 마음에 공감을 해주니 서운함이 조금은 달래지는 것 같았다.

그 후 큰딸이 제 동생한테 전화한 모양인데, 막내딸한테서는 끝내 전화가 없었다.

다시 일요일이 되어 교회에서 막내딸을 만났는데, 새침한 얼굴이었다. 여전히 전화 한 통 안한 것에 대해선 말이 없었다. 오히려 제 언니한테 일렀다고 화가 난 모양이었다.

옛날 생각이 났다.

막내딸을 임신했을 때 제왕절개 해야 된다고 했다. 이왕 그러면 아기라도 크고 튼튼하게 낳자는 생각에 영양가 있는 음식을 많이 먹었다. 그래서인지 낳고 보니 몸무게가 4.1kg이었다. 금방 낳은 아기의 엉덩이가 토실토실한 게 한 달은 키운 것처럼 이목구비도 또렷하고 예뻤다.

세살 땐 제 언니가 꾸중 들을 때면 자기는 안 그랬다면서 지레 변명을 늘어놓는 게 우스워서 뒤돌아서서 웃은 일도 있다.

여덟 살 땐 막내딸 수민이가 고양이, 개를 좋아해서 업고 안고 놀아서 그런지 밤새 열이 오르고 끙끙 앓았다. 동이 틀 무렵 택시를 타고 파티마병원 응급실로 달려갔다. 의사가 큰 주사 바늘을 척추에 꽂아 척수를 빼서 검사하는데 얼마나 우는지 차라리 내 것을 뽑는 게 낫겠다 싶었다. 검사 결과 뇌수막염이라 했다. 난 그 자리에 털썩 주저앉고 말았다. 하늘이 노랬다.

수민이가 결혼을 해서 아들딸을 낳자 친정어머니가 내 아이들을 키워 주셨던 것처럼 나도 외손들을 키웠다. 애들이 크는 걸 보고 재롱을 보며 보람도 느꼈다.

3년 전 외손자 성민이가 4학년, 외손녀 서윤이가 1학년 될 때 막내딸이 달성군 세천초등학교로 전근을 가게 되었다. 막내딸은 세천초등학교 앞 새 아파트로 이사를 가기로 했다. 가슴이 텅 비는 것 같았다. 아침 7시30분에 포장이사를 한다기에 애들을 잠시 우리 집에 데리고 왔다. 점심으로 카레 밥을 해서 먹이고 함께 만화영화를 보면서 놀았다. 12시가 넘자 애들을 데려다달라고 해서 데리고 가보니, 짐은 다 실어낸 후라 집이 휑하니 비어 있었다.

'아, 정말 이사 가는구나' 하는 생각에 눈물이 핑 돌았다. 난 이제 어떻게 살지? 맨날 외손자들하고 함께 지지고 볶고 살았는데 내 눈 앞에서 이렇게 다 사라지다니… 꾸중 덜 하고 잔소리 덜하고 잘 해 줄걸…….

텅 비어버린 마음은 좀체 안정이 되질 않았다. 위로라도 받고 싶어 친구 홍영희한테 얘기하니 자기도 남편과 헤어지고 아들은 브라질로 가고, 딸은 시집가서 수원으로 보내고 혼자 산단다. 우리 모두 늙어 가는 과정이라며 그냥 체념하며 살자고 했다. 그 말을 들으니 조금은 위로가 되었다.

있을 때는 잘 몰랐지만 사랑하는 아이들이 다 떠나고 나니 집에도 들어가기가 싫었다. 저녁 때 남편이 와서 내가 울고 있는 걸 보더니, 내일 애들 집에 가 보자고 했다.

막내딸한테 애들 못 보니 마음이 허전하다고 하니, 매 주일 교회에서 보는데 뭘 그러느냐고 너무나 가볍게 말했다. 그렇겠지, 저희들은 괜찮겠지. 저희들은 새 집에 이사 가서 꿈에 부풀어 좋아했다. 커튼도 새로 달고 에어컨도 새로 샀다. 외손자, 외손녀 방을 따로 줘 나름대로 잘 꾸며 놓았다.

얼마 전 수민이가 '헤모힘'이라는 건강식품을 가져왔다. 옆 반 선생님이 많이 아팠는데 헤모힘을 먹고 많이 좋아졌다면서 엄마도 한 번 먹어보라고 했다. 그래도 속으로는 내 건강에 대해 많이 걱정하고 있구나 싶었다. 뿐만 아니라 '이것 한 번 먹어 보라'는 말 속에 '엄마, 지난번에 미안했어'가 포함되어 있는 것도 느껴졌다. 그러고 보니 내 서운함도 그 출발은 진한 애정에 있었던 것 같다.

나는 어릴 적 외동딸이라 부모, 형제들한테 사랑을 많이 받았다. 젊었을 때도 교사로서 학부모와 아이들한테까지 부러움과 사랑을 받았다. 학교사회 자체가 권위적인 곳이라서 싫다 싫다 하면서도 나도 모르게 젖어들어 관심이든 사랑이든 받는 것, 권위적인 것에 익숙해 있었나 보다. 막내도 나와 비슷한 성향을 가진 모양이다. 직업도 같지 않은가.

그러고 보니 젊은 사람은 해야 할 일도 많고, 신경 쓸 일도 많고, 앞으로 더 성장하기 위해 늘 습득하고 고민하고 달려야 한다. 그러니 엄마의 소소한 감정 무늬까지 헤아리기가 쉽지 않았을 것이다.

하지만 난 은퇴 후 시간은 많고 특별히 해야 할 중요한 일이 있는 것도 아니다 보니 자연스레 아주 사소하고 쓸데없는 생각만 늘어났나 보다. 내가 먼저 전화해서 '일이 있어서 이번 주엔 교회 못 간다. 안 보인다고 걱정하지 마라'고 했으면 됐을 것을······.

내 관점을 바꾸면 이렇게 편안해질 것인데 이 나이가 되고도 그걸 깨닫기가 쉽지 않았구나. 너무 늦었나 싶지만 지금이라도 깨달았으니 다행이 아닐 수 없다.

이제 남은 숙제는 깨달은 것을 실천에 옮겨 보는 일이다. 이 또한 노년에 새로운 도전이고 설레는 변화가 아니겠는가.

남편과 나

 새벽 3시에 쌀을 씻어 밥하고 반찬을 통에 담아놓는다. 그러면 남편은 새벽 5시에 반찬통 3개, 도시락 하나에 하루 종일 먹을 밥을 가득 담아 차에 싣고 어두컴컴한 길을 헤치며 농장이 있는 영천 청통으로 달려간다. 남편이 출발하고 나면 나는 다시 잠자리에 들어 잠깐 더 눈을 붙인다. 이런 생활이 벌써 12년 넘게 이어지고 있다.
 남편은 새벽에 혼자 차를 몰고 시골로 가니 심심하다고 한다. 그래도 난 못 들은 체 한다.
 퇴직을 하니, 나보다 먼저 퇴직한 남편이 밭을 사서

같이 주말농사를 하자고 했다.

'저 푸른 초원 위에 그림 같은 집을 짓고
사랑하는 우리 님과 한 백년 살고 싶어……

노래처럼 그럴 줄로만 알고 즐거운 상상을 하며 농사를 시작했다. 그런데 농사라는 것이 깨 심고 고추 모종 옮기고, 가지 모종, 오이 모종 등을 사서 밭고랑에 옮겨 심어야 하고… 말할 수 없이 힘이 들었다. 깜장 강아지 한 마리도 안 보이는 외딴 골짜기에 햇볕은 쨍쨍 내리쬐고 땀은 비 오듯 쏟아지고 무릎은 점점 더 아파왔다. 허리, 다리, 무릎, 손목, 손가락 등 안 아픈 데가 없었다. 꿈은 깨어지고 생각과 다른 중노동만 나를 위협했다. 얼마나 먹겠다고 이 고생하나 싶었다.

결국 난 농사 못 짓겠다고 선언했다. 그러자 남편은 같이 와서 밥이라도 해달라고 했다. 난 그러면 밭을 팔아버린다고 하며 버텼다. 그런데도 남편은 씨 뿌리고 싹이 트면 그렇게 예쁠 수가 없단다. 그래도 버텼다. 그런 일이 있고 난 후부터 싸놓은 도시락을 들고 남편 혼자 농장으로 간다.

남편은 고향에서 고등학교 다닐 때 학교 파하고 집에

만 오면 거름을 지게에 지고 밭으로 향했단다. 시아버지는 앉아서 책만 읽었고 시어머니 혼자만 농사를 지었기에 일을 거들었단다. 디딜방아로 쌀을 찧어 밥 해 먹을 때도 꼭 자기가 찧었단다. 그렇게 농사를 거들어 본 경험이 있어서인지 남편은 농사일을 좋아하기도 하고 곧잘 하였다.

지난여름 한창 가물 때도 채소들이 "아빠, 아빠, 물 좀 주세요." 한다며 서둘러 밭으로 갔다.

난 농사 포기선언을 한 이후 복지관에 가서 노래교실, 단전호흡, 차밍 댄스, 컴퓨터 등을 배우며 취미생활을 하고 친구도 사귀고 있다.

남편이 농장에서 김장할 배추를 뽑아왔다. 배추가 충실해서 자르기조차 힘이 들었다.

"우리도 남들처럼 해남 절임배추 사서 편하게 김장 좀 담아봅시다."

남편에게 투덜거리면서도 배추 손질을 했다. 소금으로 배추를 절일 때면 절임 정도가 알맞은지 자다가도 일어나서 배추를 뒤집어놓느라 밤잠을 설칠 수밖에 없다.

누군가 비닐봉지에 넣어서 절이면 쉽다고 하여 이번

엔 따라해 보기로 했다.

　김장용 비닐을 사서 배추를 쪼개 넣고 배추 사이사이에 소금을 뿌려 비닐봉지를 꼭 묶었다. 처음엔 12포기만 하려다가 딸아이가 김장 안 담근다고 해서 두 포기를 더 했다. 비닐봉지 무게가 너무 무거워 남편하고 둘이서 씨름을 하며 굴렀다. 이른 아침에 배추를 보니 알맞게 절여져 있었다. 난 손이 아파 남편에게 배추를 씻어달라고 부탁하고 급히 시장으로 갔다. 마늘과 생강을 갈고 보리새우, 물엿, 멸치 진국을 샀다.

　9시가 되니 친구 경순이가 김장 속에 넣을 양념을 해주러왔다. 17층 아줌마도 거들어주러 왔다. 정말 고마웠다. 투덜거린 것은 다 잊어버리고 가벼운 걸음으로 식육점에 갔다. 돼지고기 수육거리를 사와 압력솥에 넣고 푹 삶았다. 점심에 갓 지은 밥과 새로 담근 김장김치에다 수육을 싸서 먹으니 꿀맛이었다.

　경순이와 17층 아줌마에게도 김치를 한 봉지씩 주고, 딸아이 혜경이와 수민이에게 한 통씩 나눠주니 마음이 한결 뿌듯했다.

　요새 젊은 사람들은 직장 다니느라 대체로 김치를 사 먹는다고 해니 더욱 뿌듯했다.

고구마를 캐는데도 아주 고생이 많았다. 논이던 땅에 심은 고구마를 캐면 진흙이 붙은 채 올라와서 떼어내려면 힘이 들었다.

제일 좋은 고구마 4박스는 서울 큰딸네로, 경기도 산본 아들네로, 대구 딸한테로 보내고 우리 내외는 남아있는 못나고 작은 것만 일 년 내내 먹는다. 나 같으면 약간 썩은 것, 못난 것들은 버리겠는데 남편은 알뜰한 성품이라 죄다 가져왔다.

남편은 농사지은 것을 하나라도 더 자식에게 주려고 애쓴다.

"아버지, 고생하셨네요. 잘 먹겠습니다."

그 한마디를 들으려고 말이다.

어느 때는 내가 몸살이 나서 일어날 수가 없었다.

"보소, 밥 좀 안쳐주소."

누운 채 부탁을 하자 주방으로 간 남편이 쌀 씻는다면서 손가락으로 휘휘 젓는 것이 보였다.

"고무장갑 끼고 좀 팍팍 문지르소."

"그게 뭐 중요해, 쌀을 헹구기만 되지."

그러면서 자기 식을 고집했다. 내 말을 좀 수용해줬으면 좋겠지만 꼭 자기 고집대로 한다. 하는 수 없이 입을 다물었다.

　남편은 휴지를 쓸 때도 한 장을 그대로 안 쓰고 반을 잘라 쓴다. 정리 정돈도 칼같이 한다. 완전 독일병정이다. 매사에 철두철미한 사람이다. 아침 기상은 5시 반, 저녁엔 10시 반에 잠자리에 들어서 꿀잠을 잔다. 식사도 규칙적이다. 아침 7시 반, 점심 12시 반, 저녁 6시 반이다. 그런 남편이 더러는 답답하고 더러는 놀랍고 배워야겠다 싶어진다.

　요샌 술도 적게 먹고 담배는 아예 안 피운다. 고집을 부려 답답할 때도 있지만 이렇게 건강하게 옆에 있어 주니 감사할 따름이다.

서울 나들이

며칠 전 택배가 왔다. 무언가 싶었는데, 마침 큰 딸한테서 전화가 왔다.

"엄마, 염증과 원기회복에 좋은 로열 젤리와 육수 만드는 코인을 보냈는데 잡숴보세요."

큰 딸은 항상 내 관절염을 염려하고 무엇이든 잘 챙겨준다.

지난 추석을 쇠고 난 직후 서울 큰딸네 집에 갔다. 외손자 재현이가 보고 싶었는데 마침 큰사위가 여행가고 없다기에 바로 올라갔다. 재현이는 지금 다니는 대학이 마음에 안 들어 재수학원 다니느라 추석에도 못 봤다.

KTX를 타고 서울역에 도착하니 큰 딸 성지가 마중 나와 있었다. 성지와 함께 김포에 있는 현대 프리미엄 아울렛으로 갔다. 우선 점심을 먹어야 해서 '보타보타 마리나베이'라는 긴 이름의 레스토랑으로 갔다. 한강 하구의 요트 정박장이 보이는 큰 레스토랑이었다. 둘러보니 젊은 부인들이 슬리퍼를 신은 채 삼삼오오 모여 앉아 담소하고 있었다. 그들에게선 가정경제는 물론 시간과 마음의 여유가 풍겨 나왔다. 사실이 어떠한지 잘 모르고, 시대도 다르긴 하지만 평생 직장 다니느라 동동 거리며 바쁘기만 했던 나와는 많이 달라 보였다. 그들의 젊음과 자유로움이 좋아 보이고 부럽기도 했다. 하지만 남편들은 직업전선에서 수고하는데 주부들은 한가하게 모여 놀고 있으니 팔자 좋구나 싶기도 했다.

식사를 마치고 '현대아울렛'에 갔다. 현대아울렛 프리미엄은 넓은 터에 지하 2층, 지상 3층으로 되어 있었는데 유명 메이커 옷, 외제 물건 등 아주 고가품을 판매하는 상점들이 즐비했다. 쇼핑하는 사람들도 무척 많았다. 과연 재벌이 운영하는 곳이 다르구나 하는 것을 새삼 느꼈다.

성지가 내 옷을 사준다고 해서 닥스 매장으로 갔다. 벽돌색 바바리를 하나 골랐다. 꽤 거금이었다. 난 이모

할머니가 편찮으시다는 애기, 작은 외삼촌 방 얻어 준 애기 등을 하며 내일은 큰 외삼촌, 막내 외삼촌을 만나 식사를 하고 싶다고 했다.

이튿날 성지의 차로 오빠가 계신 '더 클래스 500'으로 가기 위해 강변북로를 달렸다. 오빠는 건강해 보였는데 막내 동생 재택이는 너무 마르고 늙어 보였다. 재택이는 2년 전 이자 10%를 준다는 말에 겨우겨우 모은 돈 2억을 어느 다단계회사에 투자했다가 사기를 당해 날렸다. 그 사기꾼은 징역을 사는데 원금의 20%밖에 못 돌려준다고 한단다. 오빠는 막냇동생에게 '타다'라는 택시 한 번 해보라고 권했다. 재택이는 노후보장이 안 돼 있으니 더 늙으면 어떻게 하려는지 참 걱정이다.

식사를 하기 위해 신세계가 운영하는 하남스타필드로 갔다. 1,2층은 축구장 3개 만한 넓은 터에 식당, 키즈놀이터, 백화점으로 되어 있고 3층은 사우나, 찜질방, 수영장 등이 있었다.

식사 후 한참 애기하다 우린 사우나에 가서 목욕하고 찜질방으로 갔다. 안마의자에 앉아보기도 하고 운동기구를 이용하기도 하면서 유유히 흐르는 한강 상류의 전망을 바라보며 담소 잔치를 벌였다. 현대, 신세계 등 재벌들이 운영하는 이곳을 보니 돈이 돈을 번다는 말이 맞는 것 같다. 공기 좋고 경치 좋은 곳에 와서 먹고 쇼핑하고 씻고 쉬면서 하루 종일 소비하라는 것이 아닌가.

어쨌거나 오빠와 동생 재택이를 만나 식사도 하고 함께 쉬면서 얘길 많이 나누고 나니 무척 즐거웠다.

이번 나들이는 이만하면 충분히 값진 나들이다.

하남 스타필드 지하 주차장이 너무 넓어 주차해 놓은 차를 찾는 데 애를 먹었다. 다음부턴 넓은 주차장에 주차할 땐 몇 층, 몇 라인인지 꼭 사진을 찍어 가야겠다.

역시 우리 엄마는 멋져
– 어머니 전상서

어머니께서 자전적 수필과 시를 모아 책을 낸다는 말을 들었을 때 전 감탄해 마지않았습니다.

'역시 우리 엄마는 멋지셔' 라는 생각과 함께 존경심이 절로 우러났습니다.

제 나이 47세, 결혼하고 아이를 키우다보니 엄마의 위대함을 절절히 느끼고 있습니다. 제가 만약 엄마의 경우라면 저렇게 할 수 있었을까 하는 존경과 자부심이 삶의 순간순간 생기곤 합니다. 저는 엄마의 발뒤꿈치도 못 따라가는, 아직도 병아리 엄마입니다.

자그마한 몸으로 세상의 온갖 풍파를 다 겪어내고 두 딸들을 나름대로 잘 키워주신 덕분에 잘 살아 가고 있습니다. 이제 엄마는 손자, 손녀늘 크는 것 보시면서 뒤늦게 문학공부까지 하시니 너무 대단하십니다.

살아보니 저는 아들 하나인 데도 엄마 노릇하기가 쉽지 않습니다. 훌륭히 키우고 장가보내고 손자, 손녀들 본다는 것이 참 쉽지만은 않은 일인 듯합니다.

주위에서 다들 인생은 산 너머 산이라고 하더군요. 요즈음 그 말이 정말 와 닿습니다. 아이 대학교 보낼 때는 그것이 제일 큰일인 줄 알았는데 졸업하면 직장 구하는 것이 또 더 큰일이라 하고, 직장 보내 놓으면 결혼시키는 것이 또 더 큰일, 결혼시키면 애기 낳는 것이 더 큰일이라니 고비의 연속이라고 합디다.

엄마는 그 큰일들을 어떻게 다 감당하셨는지……. 정말 대단하신 것 같아요. 그리고 지금 연세에 문학공부까지 하시니 저희 딸들은 감히 따라가지 못합니다.

저희가 이만큼 사는 것도 다 엄마께서 물심양면으로 도와주신 덕분이지요. 정말 감사합니다. '어버이 은혜'라는 노랫말처럼 하늘만큼 큰 사랑이 어버이 사랑인 줄 이젠 알겠어요.

저는 약사인데 지금은 프리랜서로 가끔씩 약국 근무를 합니다. 제가 약사가 된 것도 다 엄마 덕분입니다.

어릴 때부터 엄마가 항상 상 위에 책을 펴놓고 연구

하시는 모습을 봐서 자연스럽게 따라하며 공부하게 된 것 같아요. 백 마디 말보다 한 번의 행동이 더 크게 와 닿듯이 저녁마다 공부하시는 모습을 봤으니까요.

지금 생각하면 하루 종일 근무하고 피곤해서 누워 쉬어도 시원찮을 판에 어두운 전등 밑에 상을 펴놓고 공부를 하셨으니 정말 대단하십니다. 저 같으면 누워서 아무도 못 건드리게 할 것 같습니다.

초등학교 6학년 말쯤에 담임 선생님께서 반에서 공부를 좀 하는 10명을 따로 불렀습니다. 겨울방학 동안 공부 열심히 해서 중학교 배치고사를 잘 보면 좋은 반에 배정된다며 독려하셨습니다. 그래서 문제집을 풀며 열심히 공부했습니다. 그 덕분에 대구 동부여중에서 전교 10위 안으로 입학했던 것 같습니다.

제 기억에 제일 남는 것은 중1 때 수학경시대회에서 100점을 맞아 조회시간에 전교생 앞에 나가서 상을 받은 것입니다. 아마 그 때는 친구들이 멋모르고 공부를 안 했는데 저만 겨울방학 때부터 탄력 받아서 공부했던 게 효과를 발휘한 것 같아요.

그 뒤로도 전교 1등 내지는 반 1등을 유지하기 위해서 열심히 했던 것 같습니다. 그리고 무엇보다 제가 공부를 열심히 할 수 있었던 것은 엄마가 선생님이라는 점 때문이에요. 우리 엄마가 학교 선생님이신데 내가 열심히 해야지 라는 마음이 있었어요. 그리고 제가 공부할 때는 엄마가 옆에서 문제집을 매겨 주셨어요.

어릴 때부터 외갓집에서 살았는데 엄마가 출근해야 하니, 일상생활은 물론 학부모 노릇까지 외할머니가 감당해 주셨어요. 고등학교 졸업식 때 전교 3등해서 교육 장상을 받게 되어 단상에 올라갔어요. 그때 학부모 석에 계시던 외할머니가 벌떡 일어나서 두 손 모아 기도를 하셨어요. 사람들 눈이 휘둥그레졌지만, 외할머니는 아랑곳하지 않았어요. 그렇게 엄마와 외할머니의 전폭적인 지지와 보살핌으로 공부를 했습니다.

대학 진학을 앞두고 저는 의대나 치대에 가고 싶었습니다. 하지만 엄마가 여자가 너무 공부만 많이 하고 살림을 모르면 못 쓴다며 돈은 남자가 벌게 하고 여자는 적당히 살림도 할 수 있는 약대를 가라고 권하셨습니다. 지금 생각하면 정말 탁월한 선택이었습니다. 아마 의대에 갔더라면 너무 힘들어서 중도에 포기했거나 의사가 돼도 별 활동은 못하지 않았을까 하는 생각이 듭니다.

어쨌든 엄마와 돌아가신 외할머니의 헌신적인 노력으로 저희가 이렇게 잘 살 수 있는 것 같습니다.

엄마는 작은 거인이고 악바리이신 것 같아요. 엄마랑 있어보면 제가 체구는 훨씬 커도 체력은 못 따라갑니다. 늘 동동거리며 자식들 하나라도 더 챙겨주시려 합니다. 그 모습이 예전에는 당연하다고 생각했는데, 자식 키워보니 쉬운 일이 아니란 걸 새삼 깨닫습니다.

얼마 전 엄마가 서울에 올라오셔서 같이 찜질방에 갔습니다. 저 어릴 때 엄마가 등 밀어주면 너무 따갑고 아파서 제발 좀 안 밀어주셨으면 했습니다. 그랬는데 이젠 엄마가 등을 밀어주는데 아프기는커녕 너무 힘이 없었습니다. 엄마가 이젠 정말 연세가 드셨구나 라는 걸 느꼈어요. 많이 안타까웠고 정말 잘 해드려야겠구나 싶었는데, 생각만큼 실천은 잘 안 되고 있어요. 어서 잘 해드려야겠다고 다시 마음먹습니다.

이렇게 편지를 쓰자니 어머니 은혜가 정말 정말 크고 깊다는 것을 다시 한 번 깨닫습니다.

그리고 엄마의 인도로 교회에 나가기 시작해 지금까지 신앙생활 할 수 있는 것도 엄마의 기도와 헌신 덕분인 줄 압니다.

우리 엄마가 돼 주신 걸 무한히 감사드립니다.

오래오래 건강하시고 행복하세요. 사랑합니다.

큰딸 성지 드림

제 보폭만큼 조금씩
벽 허물고 있습니다

– 어머니께

　어머니께서 문학공부를 하고, 책 내신다는 이야기를 듣고 보니 지난 날 어머니의 꿈이 문학가였음이 떠올랐다.

　어머니는 목표가 있으면 어떻게든 이루는 놀라운 추진력을 가진 분임을 다시 한 번 보여주시는 것 같다.

　언니와 나에게, 어머니 당신에게 편지를 써 달라고 하시면서 일주일간의 여유를 주셨다. 문득 어릴 때 말고는 어머니께 편지를 써 본 적 없음이 생각나 죄송했다. 어머니께 살갑지 못한 딸임을 반성해 본다.

　일주일을 곰곰이 생각해 보았다.

　왜 나는 어머니와의 사이에 늘 벽이 있는 딸이 되었

을까?

 어린 날을 생각하면 어머니의 뒷모습이 떠오른다. 어머니는 무엇인가를 이루기 위해서 끊임없이 어딘가를 향해 있었다. 내 얼굴을 보고 있을 시간이 없다는 게 그때는 이해되지 않았다.
 첫째인 언니는 나보다 모든 면에서 나았다. 얼굴도 예뻤고 키도 컸으며 공부까지 잘하여 어머니의 자랑거리였다. 반면 나는 모든 면에서 열등하였기에 어머니의 눈에는 흡족하지 않았으리라…. 늘 비교당하며 자라서인지 자존감이 낮았다. '넌 공부를 못하니 집안일이라도 해'라는 어머니의 말씀에 '그래, 그렇게라도 해야겠지'라는 생각이 들어서 어깨너머로 배운 집안일을 종종 도왔다. 하기 싫었지만 그래도 야단맞기 싫어 꾸역꾸역 해냈다는 말이 더 정확했다.
 지금도 선명히 떠오르는 기억이 있다.
 아주 추운 겨울, 어머니는 근무하는 학교로 가기 위해서 이른 아침에 집을 나서야 했다. 그 시절에는 도시락을 싸가야 해서 어머니와 중학생인 언니의 도시락 반찬을 준비하라고 명령하셨다. 그때 초등학생인 나는 고사리 손으로 계란 반찬을 하여 도시락을 쌌다.

그러자 이번엔 도로에 있는 차에 시동을 걸어 놓으라고 하셨다. 차디찬 차안에 들어가 시동을 미리 걸어놓고 예열되기를 기다렸다. 그 뒤의 기억은 나지 않지만 그 추운 차 안에서 바들바들 떨며 입김이 나오는 것으로 놀이를 삼던 내 모습이 흑백영화처럼 마음 한구석에 남아있다.

누군가가 나를 두고 '예쁜 딸'이라고 인사말을 건네면 날 선 목소리로 '무슨 소리하는교, 못 생겼구먼……'이라고 버럭 하시던 어머니……. 그때는 내가 진짜 못생겨서 그렇게 말씀하시는 줄 알았다. 어머니의 관점에서는 못나고 모자란 딸이었으리라.

더 이상 말을 붙이지 못할 정도로 날카로운 어머니의 목소리에 나는 더욱 작아져갔고, 못나고 모자란 아이가 되어갔다. 어머니 속을 썩이는 일이 생기고, 시험성적까지 나쁘게 나오자 매질을 하시다가 한심한 표정으로 '니 인생 니가 책임져라'고 하셨다.

그 말을 틈만 나면 하셨다. 어머니 인생의 오점이 된 듯한 나는 점점 어머니의 관심에서 멀어져갔고 주저주저하다가 영영 사이가 소원해졌다. 눈 떠보니 어머니의 딸이 되어 있었던 것뿐인데……. 내가 태어난 것이 그렇게 잘못이었는지, 어머니 사랑을 받고 싶었던 작고 까만 소녀는 그렇게 엇박자로 걸으면서 조금씩 자랐다.

언제부턴가 '니 인생 니가 책임져라'라는 어머니의 차갑고 비웃음 섞인 말이 내 좌우명이 되었다. 누구에게도 기대지 못한다는 것을 어릴 때부터 터득한 셈이다.

또한 공부 잘하는 언니를 눌러 어머니에게 인정받는 딸이 되고 싶어 공부를 열심히 하기 시작했다. 누구도 따뜻하게 말 걸어주지 않았지만 그 길을 묵묵히 걸어 나갔다.

집에서 인정받지 못해서인지 나는 친구들을 매우 좋아했다. 사랑 받고 사랑 하고 싶은 인간의 본능을 친구에게서 채우기 위한 것이었다.

천만 다행히 예절바르고 성실한 친구들을 만나서 중, 고등학교 시절을 공부도 하고 놀기도 하며 즐겁게 보낼 수 있었다. 재수를 하고 대학교에 진학하며 내 인생이 너무나 좋게 풀리자 매일이 즐거워 내 마음을 돌아보지 않고 있었다.

문득 문득 떠오르는 어린 날의 기억들이 있었지만 그것이 건강하지 못한 자아를 만들어가고 있다는 것을 깨닫는 데에는 많은 시간이 흘렀다.

특히 상사를 대할 때면, 야단맞았던 어린 날의 기억으로 나를 위축시키기 일쑤였다. 아무도 그렇게 생각하지 않는데 나를 싫어한다고 생각하며 마음에 벽을 만들었다. 그 벽 들키는 게 싫어서 겉으론 항상 밝게 웃고 착한 행동을 하며 나의 문제를 숨겼다. 하지만 포장은 완벽하지 않아 스스로 내 단점과 마주칠 때면 어릴 때 어머니께 받은 상처들이 한없이 원망스러워 분노가 이글거리기도 했다. 구김살 없고 밝은 친구들을 보면 더없이 부럽고 질투가 났다.

　누군가 지나가는 말로 '우리 어린 시절의 어른들은 사랑을 받지 못해서 사랑하는 것이 무엇인지 모른다' 는 이야기를 했다. 그 말이 무척 마음에 와 닿았다. 어머니를 이해하기 시작한 것이 그 무렵인 것 같다.
　최근 나의 이야기를 쓰신 어머니의 글에서 어머니의 행동을 이해할 문구를 발견하였다. 어머니는 외동딸로 가족들에게 사랑을 듬뿍 받고 자랐고, 초등학교 여교사로 학부모와 학생들에게 사랑과 부러움을 한몸에 받으며 일생을 사셨다는 것이다. '아, 사랑을 받기만 하여 오히려 사랑을 주는 것이 무엇인지 모르실 수도 있구나' 라는 사실을 깨닫게 되었다. 나아가 어릴 때 천덕꾸러기였고 미움의 대상이었던 나는, 내 모습에서 머물러 있지 않도록 대학교 때 영접한 예수님의 인도하심으로 오늘도 못난 자아를 돌아보고 어머니를 이해하려고 노력한다.

그 노력이 나의 아이들에게 선한 영향이 되기를 바란다. 지금 어머니께서 지난 날 어머니를 조우하여 그동안 미안했다라고 사과하신다면 어떨까 생각해 보곤 했다.

아마 어머니는 당신의 삶이 너무나 치열했으므로 내 눈물은 모르고 계셨으리라. 지금 드리는 딸의 편지가 당황스러우실 것이라 생각한다.

그래도 어머니께 그 시절 어머니 뒷모습을 보며 어찌할 바를 몰라 하던 어린 소녀는 이제 없음을 말씀 드리고 싶다.

어머니를 향해 있는 벽을 조금씩 나의 속도로 깨고 있음을 말씀드리고 싶다.

아직은 어색하지만 어느 순간 그 어색함도 말끔히 사라지는 날이 올 것이라 믿는다.

사랑하는 내 딸 수민아

　네 편지를 읽고 충격 받았다.
　엄마가 고지식하면서도 바쁘게만 살다 보니 네 마음을 헤아리지 못했구나.
　미안하다. 엄마가 잘못했다. 내가 칭찬에 인색하고 엄마노릇에 서툴렀나 보다. 내 위주로만 자식을 생각했다. 돌이켜 보니 그저 자식들 공부시키고 살려고 발버둥 치면서 생각 없이 앞만 보며 살아온 지난날이구나.
　이전엔 자식이든 제자든 공부 잘 해서 좋은 학교 나오면 결혼도 잘 하고 행복해질 것이라고 믿어 의심치 않았다. 생각해보니 그땐 개발과 성장의 시대를 숨 가쁘게 살아가느라 성과위주의 사고방식이 팽배해 있었다. 엄마도 그런 환경에서 살아오다 보니 남보다 더 잘하고, 더 멀리 더 높이 가는 것이 더 잘 사는 것인 줄 알았다. 엄마는 별 고민도 없이 그렇게 살아왔음을 이제야 깨닫는다.

진짜 행복이 무엇인 줄 몰랐구나. 자식들을 따뜻하게 품기보다는 나약하지 않게, 강하게 키우는 것이 잘 키우는 것이고 그것이 사랑인 줄 착각했다.

넌 손끝이 야무져 집안일도 잘 하고 중·고등학교 때 성적도 반 10등 안에는 들었기에 큰 걱정을 안 했다.

하지만 나도 모르게 욕심이 앞서서 언니하고 비교하는 말을 했나보구나. 엄마야 별다른 의도가 없었기에 기억도 못 하지만, 듣고 보니 정말 잘못했고 못난 어미였구나. 정말 미안하다.

변명하자면 네 몫을 잘 해냈기 때문에 좀 더 잘 하면 더 잘 살겠거니 생각했고, 또 내 직장생활과 승진 길에 몰두해야 했고, 그러다 보니 널 잘 돌보지 못했구나.

항상 건강하고, 남에게 뒤떨어지지 않게 키우려고 애썼지만, 내 양육방법에 대해선 의심도 점검도 없었고 깊이 고민하지도 않았다는 걸 이제야 깨닫는다.

어설프고 부족한 엄마 밑에서 고생하면서도 잘 자라 너 역시 교육자의 길을 가면서 어엿한 가정을 이루고 아들, 딸 낳아 잘 살고 있으니 참으로 고맙고 대견하다. 마음속에는 항상 '자랑스럽다'는 생각이 가득하면서도 정작 너에게는 한 번도 해 준 적이 없는 말, 해 준 적이 없다는 사실을 깨닫지도 못했던 그 말, 더 늦기 전 이번 기회에 해야겠구나.

사랑하는 내 작은딸 수민아, 잘 자라줘서, 열심히 살아줘서 정말 사랑스럽고 자랑스럽구나. 내 곁에 있어줘서 고마워. 외손자들인 성민이, 서윤이가 금쪽 같이 귀한 것도 귀한 내 딸 수민이의 자식이기 때문 아니겠나. 너도 지금은 엄마 되었으니 알겠지만 엄마한테 자식이란 세상 그 무엇과도 비교할 수 없는 보물이란다.

엄마가 젊었던 시절은 사회전체가 대단히 권위적이었다. 그러다 보니 엄마 역시 그런 분위기에 젖어, 내 품의 자식을 잘 살피지 못했음을 다시 한 번 아파하며 사과한다.

수민아, 엄마를 향해 있다던 보이지 않는 벽, 이젠 그 벽을 함께 깨자. 그리하여 우리 모녀 사랑이 더 진하고 넓고 깊어지자.

그렇게 함께 성장하자.

어느 날 갑자기
-기적을 베푸소서

 침대 매트래스가 꺼져 허리가 아프다면서 남편이 방향을 돌려놓자고 했다.
 큰 돌침대를 낑낑거리며 세워놓고 밑에 있는 매트리스와 합판을 돌려 까는데 힘이 많이 들었다. 남편이 누워 보더니 이젠 괜찮다고 했다.
 그날 밤 남편이 곤히 자는 나를 흔들어 깨웠다. 화장실 다녀와서 잠자리에 누우니 갑자기 숨을 못 쉬겠다고 했다. 혼자서 안마기로 등을 두드려 보기도 하고 숨을 크게 쉬어 보기도 했지만 숨이 헐떡거린 다는 것이다. 깜짝 놀라 등을 주물러보고 두들겨 봐도 허사였다.
 남편은 빨리 119를 부르라고 했지만 내가 운전하는

것이 더 빠를 것 같아 서둘러 파티마병원 응급실로 갔다. 새벽 1시가 넘었는데도 응급실 앞은 불이 대낮같이 밝았고 사람들이 웅성거렸다.

간호사 둘이 와서 남편을 침대에 눕히더니, 링거를 꽂고, 심전도검사 패치를 붙이고, 혈액검사, 혈압 등을 체크하며 상태를 관찰했다. 한참 뒤 젊은 의사가 부정맥이 의심된다고 했다.

2시간쯤 지나니 남편이 숨쉬기가 좀 편해졌다고 했다. 그제야 주위를 둘러보니, 열이 불덩이 같은 아기를 안고 황급히 달려온 엄마도 보이고, 여고생이 배를 움켜쥐고 아버지 부축을 받으며 들어서고, 어떤 아저씨는 구급차에 실려 왔다. 모두들 시 분 초를 다투느라 골든타임을 놓치면 안 되는 것 같았다.

차가운 침대에 누워있는 남편을 보니 딴 사람 같았다. 남편은 지금까지 감기도 거의 앓지 않고 당뇨, 혈압도 없이 규칙적인 생활로 늘 건강했다. 그런데 이 무슨 청천벽력인가.

새벽4시가 넘어서야 의사가, 심장이 정상으로 돌아왔으니 집에 갔다가 다시 외래 진료를 받으러 오라고 했다.

닷새 뒤인 9일 오후에 남편은 흉부외과로 갔다. 의사

는 며칠 전 응급실 진료차트를 살피더니 정밀검사를 해 보자고 했다.

15일, 병원에 가서 심전도 검사할 팻을 붙이고 목에 시계 같은 것을 걸고 와서 저녁식사 후에는 금식하고 다음 날 병원에 진료 받으러 오라고 했다. 그날 밤 전기 침대는 전자파 때문에 사용을 못하고 방에 보일러를 켜고 요를 깔고 잠을 잤다.

16일 10시에 가니까 심장초음파 검사, 심전도 검사, 혈액 검사한 것을 살피더니 부정맥이라는 진단을 내렸다. 한 달분 약을 받아와서 아침, 저녁으로 복용했다.

그러고 보니 박 선생 남편도 10년 전에 갑자기 기절해서 경대병원 응급실로 실려 간 적이 있었다. 그래서 박 선생을 만나 그때 이야기를 들었다. 박 선생 남편은 심장판막증으로 허벅지 혈관으로 스텐실을 박아 지금까지 살고 있다고 했다. 그런 얘기를 들으니 조금은 안심이 되었다. 박 선생은, 앞으로 심장에 무리가 가는 운동을 삼가하고 스트레스를 받지 않고 기름진 음식을 먹지 않으며 마음을 편안히 가지도록 노력해야 한다고 했다.

그로부터 며칠 뒤 남편이 새벽 4시에 일어나 운동을

했는데 아침 7시가 되니까 어지럽다고 했다. 아무래도 한방 쪽으로 가보자고 했다. 우리 집에 오는 아줌마한테 남편애기를 했더니 문성병원이 심장이나 뇌를 잘 낫게 한다는 말을 들었다고 했다.

　오후에 문성병원을 찾아갔다. 문성병원은 양방, 한방을 모두 겸한 꽤 큰 병원이었다. 57세쯤 돼 보이는 의사가 그동안의 경위를 물었다. 침을 놓고 우황청심환 같은 알약을 5일분 주면서 다 먹고 다시 오라고 했다. 그 사이에도 만약 심장이 두근거리거나 정신을 잃으면 급히 파티마병원으로 가라고 했다. 약값이 18만 원이나 되었다. 남편은 돈이 아깝다며 투덜댔다. 병이 나면 치료를 해야지 돈이 문젠가. 그 알약은 비보험으로 약값이 비쌌다.

　파티마병원 처방약과 문성한방병원 약을 먹고 좀 나은 듯 했다.

　설이 되어 아들 식구들과 있는데 설날 당일 이른 아침에 둘째딸 시어머니가 돌아가셨다는 전화가 왔다. 조금 있으니 이번엔 이모가 돌아가셨다는 연락이 왔다. 정신없이 설 예배를 드렸다. 설날 새벽에 두 분이 동시에 돌아가시다니….

설이라, 사돈의 장례는 이틀 뒤인 27일부터 문상객을 받는다고 하였다.

이모 장례식장은 가톨릭병원이라 큰딸과 손자가 온 김에 같이 문상하러 갔다. 장례식장에서 이종인 미경이 혼자 연도를 드리고 있어 너무나 외로워보였다. 미경이 아들이 와서 수부에 앉아있었다. 작은이종인 은영이는 이모 병구완에 너무나 힘이 들었기 때문에 가서 좀 쉬라고 했단다. 조금 있으니 문상객들이 하나 둘씩 왔다. 외사촌이 장례미사 관계로 상주와 얘기 나누는 것을 보고 우리는 장례식장을 나왔다. 성지가 저녁차로 서울 간다고 하여 동대구역에 데려다 주고 외손자 재현이와 같이 집에 오니 둘째 딸 수민이가 와 있었다. 사돈이 며칠 전부터 밥을 안 잡수시고 좀 다르더니 새벽에 돌아가셨단다.

수민이는 성민이가 아파 동산병원에 검사결과 보러 가야한다면서 재현이를 데리고 저희 집으로 갔다.

설 연휴 셋째 날, 둘째 딸네 장례식장이 있는 과학고등학교 근처로 찾아갔다. 문상을 하고 집에 와서 씻으려는데 남편이 스르르 넘어졌다. 내가 팔을 잡아 앉히니, 엉덩이가 아프다고 했다. 괜찮냐고 하니 괜찮다하면서 화장실로 가는 걸 보고 난 주방에 들어갔다. 잠시 후 '꽈당' 넘어지는 소리가 났다. 깜짝 놀라 나가보니 남편이 넘어진 채 큰 대자로 누워있었다. 막 흔들어 깨우면서 119를 불렀다. 119대원이 가슴에 손 넣어 보라고 해서 손을 넣었더니 숨을 쉬고 있었다. 119는 5분 만에 도착했다. 맥박을 재고 혈압을 재고 들것에 싣고 119구급차에 실었다. 파티마병원에 차트가 있고 해서 그리로 갔다. 응급실에 도착하자마자 심전도 검사, CT 촬영 등을 했다.

저녁 때 넘어진 후 5시간이 흘렀다. 마침 혜주가 와서 간호를 부탁하고 잠시 집으로 왔다.

문득 지인의 남편이 길을 가다가 갑자기 집을 못 찾아 경찰서에 갔다던 얘기를 기억하고 전화를 하니 빨리 경대병원을 가는 게 좋겠다고 했다. 그러자 마음이 더 바빠졌다. 박 선생 남편도 경대병원에서 치료받고 십 년 째 잘 살고 있지 않은가.

얼른 파티마병원 응급실로 가서 퇴원시켜 달라고 의사한테 얘기했다. 처음에는 안 시켜 주려고 했다. 경대병원에 아는 사람이 없으면 십중팔구 퇴짜 맞는다고 했다. 친구 며느리가 경대병원 수간호사인데 오라 한다고 하니까 의사 소견서, CT사진 등을 내줬다.

다시 119를 타고 경대병원 응급실로 갔다. 경대병원 응급실은 깨끗하고 조용했다. 한밤중에 다시 CT촬영, 혈액검사 등을 하더니 뇌출혈이 조금 있었고 부정맥이 있다고 했다. 그때까지도 남편은 응급실에서 자꾸 잤다.

남편은 응급실에서 중환자실로 옮겨졌다. 혜주와 난 꼬박 밤을 새워 곁을 지켰다. 중환자실은 면회가 하루에 1번, 저녁 7시에 됐다. 나, 혜주 내외, 중우내외, 성지 등 여럿이 삥 둘러서서 젊은 의사가 하는 얘기를 들었다. 넘어지면서 바닥에 머리를 부딪쳐 뇌출혈이 되었다고 했다. 뇌 핏줄이 약간씩 터져 있으니 경과를 지켜보자고 했다. 더 피가 나오면 수술을 고려하겠지만 그대로 피가 멎으면 괜찮을 거라고 했다.

우르르 달려와 있던 자식들 중 혜주 내외는 구미로, 민규 에미는 산본으로 가고 중우, 성지, 나는 우리 집으로 왔다. 만약 이상이 있으면 30분 내로 달려와야 된다고 했기 때문에 긴장 속에서 밤을 보냈다.

아침에까지 아무 연락이 없어 점심을 먹고 토닥이 패드를 사서 중환자실에 들여보내고 저녁 7시 면회시간을 기다렸다.

그동안 신종 코로나 바이러스가 유행한다더니 오늘부

터는 면회 시 한 사람만 허용됐다. 면회하러 들어가니 남편은 자꾸 잤다. 흔들어 깨워 아픈 데는 없느냐고 하니 없다고 했다. 어디 불편한 데는 없느냐고 하니 소변 줄이 당기고 기저귀가 불편하다고 했다. 간호사가 오늘 아침부터는 죽을 먹는다고 일러주었다. 더 이상 나빠지지 않으면 일반병실로 옮기고 재활치료를 시작해야 한다고 했다. 의사 선생님을 면담하려니 시간이 없다고 해 하는 수 없이 집으로 왔다.

이튿날 일반병실로 옮겼으나, 남편은 계속 잠을 잤다. 간호사가 와서 낮에는 흔들어 깨우라고 했다. 식사 시간에는 깨워서 자기 손으로 먹게 하고 휠체어에 태워 복도를 한 바퀴 돌라고 했다. 하지만 성지와 내가 남편을 휠체어에 앉히려 해도 본인이 몸에 힘을 주지 못하니 태울 수가 없었다.

토요일이 되니 산본에서 아들 중우가 와서 아버지를 번쩍 안아 휠체어에 태웠다. 중우 이마엔 땀이 비오는 듯 했다. 조금 있으니 혜경이가 왔다. 셋이서 의논하더니 24시간 간병인을 쓰라고 했다.

난 낮에는 우리가 해도 된다고 우겼지만 앞으로 몇 달이 걸릴지 모르는데 어머니가 어찌 배겨내겠느냐면서 자식들이 돈을 대겠다고 했다. 저녁 8시에 간병인이 오는 걸 보고 중우는 산본 집으로 갔다.

밤에 큰사위까지 와서 큰딸 내외와 함께 아침 일찍 병원으로 가니 그 사이 야간 간병인은 가고 주간 간병인이 와 있었다.

10시쯤 담당의사가 오자 큰사위가 자신도 서울 어느 병원 의사라고 신분을 밝히고 환자의 상태를 물었다. 두개골이 갈라져 있고 피멍이 있는 상태라 앞으로 2개월은 지켜봐야 된다고 했다.

남편은 낮에 죽 반 그릇 정도를 먹을 뿐 아침저녁 식사는 안 먹었다. 입맛이 안 당긴다고 했다. 답답해서 의사인 이종사촌 미경이한테 어떻게 하면 식사를 하도록 하겠느냐 물으니까, 머리를 다쳤으니 입맛이 없는 모양이라며 지켜보라고만 했다.

다음날, 반찬을 해서 병원으로 가는 도중 지인으로부터 전화가 왔다. 신년벽두부터 두 상갓집을 다녔으니 주당을 풀어야 된다고 했다. 난 하나님 믿는 사람인데 그런 것 모른다고 했다. 그러다가 물에 빠진 사람이 지푸라기라도 잡는 심정으로 하나님 죄송합니다, 하고 기도한 후 대현동에 있다는 유명한 점쟁이를 만나기 위해 지인을 따라 나섰다. 동대구시장 맞은편에 있는 골목에 가니 허름한 집에서 할머니가 맞아 주었다. 하지만 이젠 점 안 본다고 가라고 했다. 지인이 병점 한 번만 봐 달라고 사정했더니, 남편 생년월일을 대라고 했다. 할머니가 기도하는 중에 '이 양반은 젊은 시절부터 숱한 마음고생을 하고 고비 고비 힘이 많이 들었는데 겉으로는 온화한 사람'이라고 했다. 작년 9,10월부터 가슴 쪽에 병이 왔고 지금은 머리, 가슴이 많이 아프다고 했다. 앞으로 3월이 고비이고, 명은 3, 4년밖에 없다고 했다. 정말 잘 맞는 것 같다. 의사도 2개월까지 봐야 된다고 했는데……

하나님 아버지, 제발 우리 남편을 살려 주시옵소서!
전지전능하신 하나님, 만군의 여호와이신 하나님, 기적을 베푸소서.
예수님 이름으로 간절히 기도드립니다. 아멘!

위)대학원 졸업 시
아래) 가족들과 즐거운 한때

제6부
사노라면

오랜 친구들

이웃이야기 · 1
교통사고와 치매

임 교육장이 입원 중이란다.

한동안 남편 친구인 그의 소식을 듣지 못해 답답해하던 차였다.

병문안 가려고 남편과 함께 집을 나섰다. 대구은행 본점 앞 횡단보도에서 정차해 신호를 기다리는데 '쾅'하며 뒤에서 차가 와서 박았고 그 바람에 우리 차가 다시 앞 차를 박았다. 차 안의 기물들이 튀어나오고 나는 핸들에 머리를 박았다. 앞 범퍼는 앞차를 박아 부서졌고 뒤 트렁크도 쑥 들어갔다. 사고를 낸 운전자는 80대 노인이었는데, 무조건 잘못했다면서 전부 변상해 주겠다고 했다.

보험회사에 연락해서 처리한 후, 레커에 차를 매달고 수성구 대구스타디움 근처에 있는 정비공장으로 갔다. 정비공장을 나와서 보니 마침 임 교육장이 입원해 있는 시지요양병원이 길 건너편에 바로 보였다.

남편과 오랜 세월 단짝으로 살아온 임 교육장은 십여 년 전 부인을 잃었다. 임 교육장이 30여 년 전 00교육청 학무과장으로 근무할 당시 부인과 직장동료 내외가 식사하러 가다가 교통사고를 당했다. 그로 인해 18년간 식물인간으로 누워 있던 부인 곁을 지키며 보살폈던 사람. 부인의 대소변까지 받아내면서 직장에 근무했으니 그 고생을 말로 어찌 하겠는가.

남편과 그는 직장동료이기도 하지만 개인적으로 무척 친해서 여행을 가더라도 나란히 앉아서 가는 등 각별한 정을 나누며 살아왔다.

그런데 3년 전부터 소식이 뜸해졌다. 몸이 안 좋다는 소식은 들었으나 연락도 안 되고 동기회에도 안 나오니 만날 수가 없었다.

수소문 끝에 몸이 안 좋아 그의 딸이 돌보고 있다는 말을 들었다. 딸과 겨우 연락이 닿아 근황을 알게 된 것이다.

그는 단짝 친구를 알아보지 못했다.

요양병원에 입원한 지는 1년이 넘었다고 한다. 연락이 끊긴 사이 치매가 진행되었다는데, 인지능력이 4~5세 정도 되어 보였다. 경북 교육을 좌지우지하던 그가, 출중한 인물의 그가, 저렇듯 아이가 되어 누워있는 모습을 보니 삶이 너무나 무상하여 할 말이 없어졌다.

병실에는 간병인만 있었는데, 딸이 근처에 살면서 자주 오고, 다른 자녀들은 번갈아 한 번씩 다녀간다고 했다. 치매라니, 환자 본인이나 자식들이나 말할 수 없는 고초가 아니겠는가!

그간의 안부라도 물어보려면 그의 자녀들이라도 만나야 하는데 만나지 못했으니 답답했다. 하는 수 없이 남편이 메모지에다 '친구가 다녀가니 연락 좀 해 달라'고 적었다. 병실을 나서면서 그의 손에 메모지와 함께 작은 봉투를 쥐어 주었다. 그는 "맨날 사람들이 오면 오만 원만 준다." 하며 중얼거렸다.

병문안을 마친 후 차 사고에 대해 물어보려고 동네 카센터에 갔더니 일단 병원부터 가보라고 했다.

사진을 찍더니 목뼈에 이상이 생겨 치료해야 된다고 했다. 그래도 이만하기 다행이다. 운전이란 내가 아무리 조심해도 상대방이 실수하면 사고를 피하기 힘들다.

그러하다보니 사고 이후 운전공포증 비슷한 것이 생겼다. 그날의 사고로 남편과 나는 몇 주간에 걸쳐 치료를 받아야했다.

　대구에서 활동하던 어느 수필가도 크게 차 사고를 당한 지 1여 년 만에 치매가 와서 여러 해 전부터 요양병원에 입원해 있다고 한다. 그의 수필집을 읽자니 새삼 안타까운 마음이 생긴다. 경도인지장애가 있는 상태에선 사소한 충격을 받거나 교통사고 후유증 등으로 갑자기 심한 치매증상을 보이는 경우가 많다고 한다. 주변의 치매환자를 보면 먼 얘기가 아니구나 하는 생각이 든다.

　언론을 통해, 40대 아들이 10년 가까이 치매환자인 아버지를 돌보다가 아버지를 살해하고 자신도 투신한 안타까운 소식을 접한 적이 있다. 유서가 발견되었는데 '아버지를 데려간다'는 내용이 담겨 있었다고 했다. 오랜 간병 생활을 견디다 못해 치매 배우자와 함께 동반자살한 사례도 심심찮게 볼 수 있다.
　고령화시대다 보니 질병을 다 피해 갈 수는 없지만 그래도 치매는 가장 피하고 싶은 질병 중 하나다. 나이가 들수록 치매예방에 대한 지식을 알고 실천해야겠다. 전에는 깜박 잘 잊어버리는 것이 노화의 일종인 줄로만 알았는데 지금은 생각이 달라졌다.

좀 더 적극적으로 대처하기 위해 얼마 전부터 뇌 영양제를 처방받아 복용하고 있다.

의학이 나날이 발전하고 있지만 병의 발전 속도를 따라 가지는 못하는 것 같다. 하루 빨리 치매 연구가 크게 성과를 얻어 누구든 치매 고통에서 벗어나게 되기를 고대한다.

이웃 이야기 · 2

친구 박 선생

　박 선생은 세 살 아래 후배로, 나와는 40년 지기다.
　청도가 고향인 박 선생은 아주 엄한 양반 규수로 자라나 시부모님, 시누이, 시동생 많은 신랑한테 시집와서 순종하며 살았다.
　박 선생과는 경주 아화초등학교에서 같이 근무했다. 우린 대구 동부정류장에서 만나 아침 7시 직행버스에 몸을 싣고 같이 출근했다. 당시 박 선생은 보험회사 상무인 남편과 함께 시부모님 수발을 들면서 아이들을 키우느라 새벽 4시에 일어나 아침상을 차려놓고 출근했다. 그래도 한마디 불평이 없었다.

함께 경산 부림초등학교에 근무할 때였다.

교감 선생님이 내가 대학원 논문 때문에 조퇴 몇 번 한 것을 아주 안 좋게 생각하였다. 그러던 중 목이 아파 실내 마이크를 사용했더니 나를 불러 여러 선생님들 앞에서 야단을 치셨다. 그때 박 선생이 경리를 담당하고 있었는데 교감 선생님이 잘 봐, 퇴직 후에도 큰 집 작은 집으로 터놓고 지내자며 정을 내던 터였다. 박 선생이 적극적으로 나서서 나를 옹호해주었다. 너무나 고마웠다.

그해 난 경산 만기가 되어 교감 승진에 필요한 벽지 점수를 따기 위해 문경군 마성초등학교로 전근을 갔고, 그 곳에서 교감 승진을 했다. 근무지가 달라도 우리는 한 달에 한 번은 꼭 만나 식사도 하고 안부도 물었다.

이번 달에 만난 박 선생은 얼굴이 수척하고 아파 보였다. 위가 아픈 지 한 달가량 되었다고 했다. 위내시경 검사를 꼭 받아보라고 권했다. 그러면서 혹 신경 쓰는 일이라도 있느냐고 물었다. 퇴임한 남편이 집에 있으면서 스마트폰만 들여다보고 꼼짝을 않는다는 것이었다. 산책을 권해도 전혀 반응이 없단다. 그러다가 친구들이 부르면 나가서 밤새도록 술을 마시고 만취가 되어 새벽에 들어오곤 한단다. 그럴 때면 며칠 꼼짝도 못하고 누워 지낸다고 했다. 이젠 바가지 긁는 것도 지쳐 무관심한 상태란다. 더군다나 남편은 10여 년 전 심근경색을 앓아 심장에 철심을 박아 놓은 상태이기 때문에 과음하면 안 되는 몸이라고 했다.

스트레스 요인이 또 있었다. 6년 전 박 선생은 자기 집을 세놓고 새로 지은 사돈댁으로 이사를 했다. 1층은 사돈 내외, 2층은 자기 내외, 3층은 딸네 식구가 어울려 살고 있다. 처음엔 좋았는데 살다보니 큰소리 한 번 내지 못 한단다. 안사돈이 싹싹하고 잘 해줘서 외롭지 않아 좋지만, 사생활 존중에 문제가 있다는 것이다. 세 가족이 1주일에 한 번씩은 외식을 하는데 박 선생은 속이 안 좋아 기름진 음식 먹는 것까지도 곤욕이란다.

또 어느 날은 박 선생이 운동 갔다 오다가 딸 영선이와 마주쳤다. 영선이는 초등학교 교사인데, 퇴근길에 장바구니 가득 찬거리 사 무겁게 들고 오고 있었다.
"나를 시키지 직장 갔다가 힘든데 이렇게 무겁게 들고 오노." 했더니 "괜찮다." 하며 집으로 올라가버리더란다. 굉장히 섭섭했다. 이제 더 이상 자식이 나를 필요로 하지 않는구나 생각하니 참 처량했단다.

또 사돈 내외를 봐도 '사는 게 뭔가' 싶을 때가 많다고 했다. 바깥사돈이 밭에 갈 때면 꼭 안사돈을 심부름 꾼으로 데려가는데, 2일 동안 먹을 반찬을 준비해 따라가서 일을 도와야 한단다. 또 바깥사돈이 안사돈과 한마디 상의도 없이, 서울과 부산에 사는 시누이 둘을 불러 친정 와서 하루 자고가라고 하더란다. 바로 다음 날이라 집안 청소를 하면서 걸레를 짜서 남편에게 거실 좀 닦아달라고 했더니 "왜 내가 닦노." 하고 던져버렸단다. 손님이 오니 음식도 장만해야 되고 동동거리며 애를 먹었단다. 안사돈이 하도 속상해서 저녁상을 봐주고는 방에 가서 누워 있었다.

"밥 안 먹으면 죽는 데이, 밥 묵어라."

바깥사돈이 들여다보고는 생전 처음으로 그 말을 하더란다. 평소 안사돈은 '영감'이란 상전을 모시는 '하인'으로 살아왔단다. 평생 주부로 살아 남편한테 꼼짝 못하는 것 같다고 했다.

"평생 내가 벌어다 주는 것 먹고 살지 않았나."

그렇게 큰 소리 친단다.

안사돈과 박 선생이 같이 서문시장이라도 가면 2시간을 못 넘기고 '집에 가서 저녁 차려야 된다'며 황급히 집으로 향한단다.

또 안사돈 눈에 검은 점이 생겨서 안과에 갔더니 점

은 괜찮은데 녹내장 초기라 스트레스 받지 말고 주의하라고 하더란다. 그래서 아들이 아버지를 따로 불러 식사를 하면서 어머니한테 스트레스 받지 않게 잘 해드려야 녹내장이 진행 안 된다고 말씀 드렸단다. 그 후론 바깥사돈이 고함도 안 지르고 부드럽게 대해준단다.

 박 선생은, 옛날엔 여자는 살림하는 것이 다반사였는데 우린 그래도 직업을 가져 늙은 후에도 연금으로 생활하니 남편한테도 큰소리 칠 수 있어 얼마나 다행한 일 아니냐며 웃었다.
 오랜만에 만난 우리는 온갖 살아가는 애기들을 풀어 놓으면서 웃기도 하고 걱정도 하며 회포를 풀었다. 박 선생과 나는 항상 허물없이 마음속에 있는 이야기를 풀어 놓으며 우정을 쌓으며 살아가니 너무 좋다.
 박 선생 스트레스도 풀 겸 약령시장 죽집에 가서 녹두죽도 사 먹었다. 동아쇼핑에 가서 아웃도어도 사고, 반월당 지하상가에 가서 내의도 사면서 재밌게 놀다 헤어졌다.
 박 선생의 건강이 걱정이다. 하루 속히 원인을 알아 치료 받았으면 좋겠다.

이웃 이야기 · 3
이모

이모는 93세이시다.

몸은 그런대로 건강한데 정신이 왔다 갔다 한다. 했던 말을 되풀이하고 금방 무슨 말을 했는지 잘 모른다. 아마 초기 치매인 모양이다. 그래서 장남이 통장을 관리한다고 돈을 다 자기 통장에 넣어놓고 이제부터 자기가 어머니 모신다고 했다. 장남이 용돈을 드리니, 이모는 왜 내 돈을 가져가고 도로 용돈을 타 써야 하냐고 딸에게 하소연을 했다.

이모는 옛날 경산 군수였던 아버지 밑에서 경북여고를 거쳐 서울 이화여대를 나온 인텔리 여성이다. 대구

여중 교사로 재직할 때 우리 집에 같이 살았다. 훤칠한 키에 얼굴도 그런대로 잘 생겼고 똑똑했으니 총각들이 줄을 섰다. 그러다 경북대학교 교수하는 분을 만났다. 결혼초기에는 우리 집 근처에 살았다.

 첫아기가 세 살 무렵 골목에서 놀고 있고, 이모는 그 옆에 있었는데 웬 스님이 지나가다가 한 마디 던졌다.
 "아기가 참 잘 생겼네. 아주머니 댁에는 부부 금슬이 좋고 재운이 있는데 단지 자식 복이 없네요."
 "이 사람이 무슨 소릴 하나?"
 이모는 아기를 데리고 얼른 집으로 들어와 버렸단다.
 그 후 이종사촌 동생 영수가 시름시름 앓기 시작하여 소아과에 갔는데 감기라고 주사를 놓고 약을 주더란다. 그래도 낫질 않고 온몸에 열이 불덩이 같이 올랐다. 며칠이 지나니 몸이 축 늘어지고 움직이질 못해서 서울에 있는 종합병원에 갔다. 소아마비라고 했다.
 영수는 크면서 점점 오른 쪽 다리에 마비가 와 걷질 못 하게 되었다. 서울대학병원에서 다리수술을 세 번이나 받아도 한 쪽 다리만 성장이 더뎌 보조기를 신고서야 겨우 걸었다.
 대구사대부속초등학교에 다닐 땐 가정부가 영수를 업

고 가는데, 이모가 가방을 들고 뒤따라가면서 엉엉 우는 모습을 보고 나도 덩달아 운 적이 있다.

3년 뒤 영수 여동생이 태어났다. 얼굴이 하얗고 예뻤다. 이름이 미경이었다. 또 2년 뒤 태어난 여동생은 다운증후군으로 코가 들창코고 눈이 조그맣고 지능이 낮았다. 이 동생은 23년을 살다가 저세상으로 갔다.

이모는 아들을 더 낳아볼 욕심으로 아이를 또 낳으나 딸이었다.

다리는 성치 않았지만 영수는 머리가 좋아 경북고를 거쳐 서울대학교에 들어갔다. 그 후 장애자 특별채용으로 대구대학교 교수로 취직해서, 인물 예쁘고 날씬한 제자와 결혼을 했다. 하지만 결혼생활이 순탄치 못해 결국 이혼했다.

둘째 여동생은 공부를 잘해 경북대 의대를 졸업했다. 레지던트 시절에 이모부의 친구가 중매해 캐나다에 있는 의사 신랑을 만났다. 일고 보니 이 신랑 어머니는 성격이 대단한 분이셨다. 예단으로(그 시절에 아무도 안 입는) 밍크코드를 해달라고 했는데, 이모가 우리 측에서 해주고 싶으면 해주겠다고 했단다. 그러자 시어머니가 결혼 안 시키려 하는 걸 신랑이 우겨서 결혼했다.

캐나다에 가서 시집살이를 하는데 시어머니는 신혼부부가 한방에서 웃는 꼴을 못 봤다. 그때마다 나오라고 해서 밥해라, 김치 담가라고 했다. 친정에서 공주같이 자라 의대 다니느라 공부만 하다가 시집갔으니 가사 일을 잘 못했다.

그러자 시어머니는 "의사 며느리 봤더니 밥도 못 얻어먹겠다." 하며 구박하였단다. 여동생은 시어머니 등쌀에 못 견뎌 일 년 만에 친정 다니러 한국에 나왔는데 신랑이 마마보이여서 시어머니 말을 듣고 신부를 초청 안 해 이혼하였다. 임신 3개월일 때였다. 미경이는 친정에서 홀로 아들을 낳아 길렀다.

그다음 막내 동생은 경북여고를 나와 고려대학교를 거쳐 아버지가 총장으로 있는 대구교대의 새마을연구실에 취직하였다. 혼기가 되어 배우자를 찾는데 교수, 의사, 판사, 검사 중에서 구하니 안 되었다. 키는 큰데 인물이 별로여서 그런지 눈이 높아서 시집을 못 갔다.

이모는 말년에 혼자 살면서 돌이켜보니 65년 전 그 스님 말씀이 문득문득 생각니 난다고 했다.
세상 어떤 일이든 특별한 묘약이나 묘책은 없을 것이

다. 아니 그 스님이 귀띔한 그 자체가 어쩌면 대비하라는 답까지 준 것일 수 있겠다. 이모한테 각별히 신경 써서 자식을 키우라는 메시지가 아니었나 생각해본다.

미경이한테 전화하니 10일 전 이모가 폐렴이 와서 응급실로 가셨단다. 추석 전에 이모님 댁에 안부 전화를 하니 받지 않더니 그런 일이 생긴 모양이었다. 놀라 연유를 물으니 며칠 전에 숨을 잘 못 쉬고 기침을 했단다. 서울에서 아들이 온 김에 종합병원 응급실을 알아보니 영대병원 밖에 없어 급히 입원했다. 마침 토요일이라 응급실에서 이틀 있다가 병실로 옮겼다고 했다.
　이모는 치매 때문에, 코에 호흡이 편하도록 호스를 끼워 놓으면 답답하다고 빼버린단다. 그때마다 경보음이 울려 간호사가 쫓아오고 하니 막내딸 은미가 간호를 하는데 힘이 많이 든다고 했다. 또 기저귀를 채우려면 부끄럽다고 시트를 끌어당겨 덮어서 온 시트에 오물을 묻혀 놓는단다.

아무래도 오래 못 사실 것 같아서 추석 쇠고 바로 영대병원에 이모를 병문안하러 갔다. 은미는 볼일 보러 나가고 없고, 이모는 양손이 묶인 채 눈을 잘 뜨지도 못하고 피골이 상접해 있었다. 몇 달 못 본 새 치아도 많이 빠지고 얼굴엔 검버섯이 많이 늘어나 있었다. 너무나 마음이 아팠다. 옛날 아름답던 모습은 온데 간데 없고 죽음의 그림자만 드리워진 이모를 보니 눈물이 났다. 이모는 날 알아보고 "바쁜데 뭐 하러 왔노? 너희 집은 잘 있제." 하고 물었다. 이모가 나아서 일어나면 가까운 친척끼리 점심 한 번 먹자고 했다.

"얼른 나으세요."

그 말을 하면서 속으로 울었다. 이모 입이 바짝 타서 물을 드리려 했더니 요구르트를 달라고 했다. 조금씩 떠 넣어 드렸더니 맛있게 잡수었다. 수액은 꽂혀 있어도 너무 배고프다고 했다. 미음이 호스로 들어가니, 병 나으면 맛있는 음식 사드리겠다고 했다.

간호사가 왔길래, 이모는 옛날에 교수 부인으로 인텔리이었다고 하니 이모가 힘없이 말했다.

"세상 잠깐이다."

사람이 세상 뜰 때는 너무나 힘이 드는 모양이다.

이모 병환이 하루빨리 쾌차했으면 하고 기도한다.

이웃 이야기 · 4
친구 Y

친구 Y는 스물여덟에 맞선을 보아 결혼했다.

포정동에 있는 어느 다방에서 맞선을 본 뒤, 꽃을 사서 집으로 갔다. 잠시 후 고급 오토바이를 타고 말 장화를 신은 체격 좋고 인물 좋은 사람이 대문 벨을 눌렀다. Y의 집에서는 둘이 어느 정도 마음이 있어서 총각이 집까지 찾아왔나보다 생각했다. Y의 가족은 반갑게 신랑 될 청년을 맞아 아주 정성스럽게 대접하였단다.

Y집에는 맏아들 아래로 딸이 다섯 있었는데 Y가 맏딸이었다.

직장 다니던 Y의 아래 동생은 26세로 동산병원 간호사로 있었는데 의사와 연애 중이라 언니가 시집가기만을 기다렸고, 셋째 동생도 애인이 있어 뒤따라 보내야 될 형편이었다. 그런데 맏이인 친구 Y만 상대가 없어 결혼을 못시키니 부모들은 애가 타는 중이었다. 그런 와중에 Y를 따라 남자가 들어오니 반가울 수밖에 없었다.

Y의 시어머니는 재물 앞에선 그다지 너그러운 사람이 아니었다. 봄에 쌀 1말 빌려주면 가을에 이자 붙여 2말을 악착같이 받았단다. 형편이 어려워 못내는 사람이 있으면 나중에라도 기어이 받아내고야 말았다. 인근 마을에까지 돈놀이를 해서 소문이 나 있었다.
　결혼식장에 온 사람들이 왜 저런 집에 시집을 보내느냐고 수군거렸다.
　Y의 시댁은 영천 금호에서 과수원을 하였다. 그런데 그 일 많은 과수원은 시어머니가 맡아 농사지었지 시아버지는 일을 안 했다. 시어머니는 하루 종일 일 해놓고도 달 밝은 밤이면 밤새도록 또 밭을 매더란다. 죽기살기로 일하는 것이었다. 또 무섭게 아끼느라 청천에서 반야월까지 걸어가면서, 보는 이가 없을 땐 신발을 벗고 걷다가 멀리서 사람이 오면 얼른 신을 신고 걸었다.
　시어머니는 Y가 늦게 결혼해 아기를 못 가지자 익모

초 몇 다발을 다려 먹이고는 애 들어서지 않는다고 바가지를 들들 긁었다. 겨우 어찌어찌 임신이 되어 아들을 낳자 금줄 대신 대문 기둥에 태극기를 꽂더란다.

Y의 남편은 아내가 아기 낳은 병원에 와서, 간호하는 장모 옆에 앉아 자기 혼자 땅콩을 까먹었다. 그것도 껍질을 바닥에 수북이 버려놓고 말이다.

병원에서 일주일 뒤에 퇴원하라고 하니, 집에 가자면서 당장 짐을 싸라고 했다. 옆에 있던 Y의 친정어머니가 기겁을 했다.

"안 되네. 우리 집에 가서 적어도 3칠일을 지낸 후에 보낼게. 자네 집에 가면 농사일에 몸조리도 못 할 텐데 그러면 평생 고생하고 잘못하면 몸을 못 쓴다네."

그렇게 해서 겨우 친정으로 가 몸조리를 했다.

시어머니는 고집이 워낙 세고 기도 셌던 모양이었다. 시아버지와 싸울 때면 시아버지 따귀를 때리기 일쑤였단다. 그걸 보고 자란 시누이까지도 시집가서 남편 따귀를 때려서 남편이 안 살겠다고 처가에 와서 소동을 벌인 일도 있었다. 시누이는 으레 남편 정도는 때려도 되는 줄 알았다고 하더란다.

시동생은 금호중학교를 다녔는데 용돈 안 주면 학교 안 간다면서 종종 대문 앞에 버티고 서 있었다. 그러면 시어머니가 빗자루 몽둥이를 들고 십리를 따라가며 학교로 내쫓았단다. 그 시동생은 자라서도 자기 어머니를 빗대어 "살짝 곰보에 뚱뚱한 여자치고 안 거센 여자 없다." 하고 말해 모두들 배를 잡고 웃었단다.

그렇게 시어머니가 손톱이 닳도록 벌어서 돈을 장롱 밑에 넣어 놓으면 밭에 일하러 간 사이 Y의 남편이 몰래 가지고 달아나기 일쑤였다. 대구 가서 유흥비로 날리기도 하고, 사업한답시고 장갑공장을 차려 2년도 못하고 그만 두기도 했다.

Y남편의 성격은 불 같았다. Y가 백화점 갔다가 5시경에 돌아오겠다고 약속했다가 20분 정도 늦게 들어오니 남편이 불같이 화를 내면서 새로 산 명품 백을 마당에 던지고는 지근지근 밟았다. Y남편은 부산대학교 철학과를 나왔는데 하루 종일 책만 보고, 우주기운을 연구한다면서 자기가 제일 잘난 사람이라 생각한단다. 오죽하면 우리 남편이 나와 말다툼할 때 "그래도 난 저 원룸집 남편(Y의 남편)보다는 낫지 않느냐."고 하여 웃음보가 터진 적도 있었다.

그래도 이젠 Y남편도 기(?)가 많이 죽었다. 나이도 들고 돈도 없으니 그런 모양이다. 늘 집 안에서 책만 읽고 운동을 안 해 당뇨도 심하다. 그러니 Y도 같이 늙어 가면서 남편 보살피느라 더 힘이 많이 든다.

그런 남편에 비해 Y는 굉장히 긍정적이다. 쾌활하기까지 해서 자기 가족 이야기를 남의 이야기하듯 재미나게 풀어놓아 문학교실 친구들은 종종 배꼽을 쥐고 웃는다.

작년 여름, 하루 종일 에어컨을 켜놓고 아들, 딸 줄김치며 반찬을 하고 있으니 남편이 보고 하루 종일 에어컨 켜서 전기요금 많이 나온다고 잔소리하더란다.

"언제까지 애들한테 반찬 해댈 거고?"
"죽을 때까지 한다 와."
그렇게 맞받았다고 해서 또 웃었다.

이젠 남편의 서슬도 무섭지도 않단다. 남편 눈치 안 보고 문학교실에 참가하는 등 하고 싶은 일이 있으면 하고 명품 백, 명품 옷도 하나씩 산단다.

평생 아웅다웅하지만 Y부부도 서로 아끼는 정은 깊어 보인다.

아무쪼록 유쾌한 친구 Y도 건강하고 Y의 남편도 건강하여 행복하길 빈다.

이웃 이야기 · 5

사노라면

상대방이 조금만 호의를 베풀면 그 사람을 완전히 믿을 때가 있다.

40년 전 이웃집에 영이 엄마가 살았다. 애들 셋을 줄줄이 대학과 고등학교 공부 시키느라 아주 힘들게 살았다. 남편은 초등학교 교사로 박봉이어서 생활비도 겨우 되더란다.

그래서 작은 방에 비워, 어느 할아버지와 손자를 세 들였다. 그 할아버지는 주인네 애들 간식거리나 선물을 사들고 왔으며 친절했다.

영이 엄마는 애들한테 풍족하게 먹을 것 입을 것

못 해줘 미안하던 차에 옆방 할아버지가 늘 선물을 하니 너무나 감사해 어쩔 줄을 몰라 했다.

어느 날 할아버지가 급한 일이 있으니 돈 백만 원만 빌려달라고 했다. 이자는 2부로 주겠다고 했다. 늘 고맙게 생각하던 사람이라 선뜻 빌려주었다. 이자도 꼬박꼬박 잘 주어 재미가 쏠쏠했다. 몇 달 후 다시 오백만 원을 더 빌려달라고 했다. 가진 돈이 없어서 언니한테 빌려서 건네주었다. 어김없이 이자를 잘 주었다. 그렇게 3년 동안 친척들의 돈을 3천만 원(지금 돈 가치로 3억 정도) 소개해줬다.

그러던 어느 날 할아버지와 손자가 종적을 감추어버렸다. 빚쟁이들이 몰려왔다. 당신보고 돈을 줬으니까 당신이 내놓으라고 불같이 화를 냈다. 보증을 섰던 영이 아빠는 고소당해 검사 앞에 가서 조사받고 월급을 차압당해 최저 생활비만 받게 되었다.

영이 아빠는 대학생 딸, 아들, 고등학생 딸, 아내 등 가족 모두를 불러 모았다.

"내가 저지른 일이라 이 농약 먹고 죽을 테니 너희들끼리 잘 살아라."

그러자 자식들과 아내가 모두 말리며 농약을 뺏고 울었다.

"아버지, 그러지 마세요. 우리 다 컸으니 이제 아르바이트해서 학비 벌어 공부할게요."

그 후 아내는 목욕탕 청소, 큰딸은 식당 서빙, 아들도 알바하고, 작은 딸은 피아노 교습 한 번 받지 않고 악착같이 공부해 대학교에 들어갔다.

그 할아버지는 나중에 찾아보니 빈털터리가 되어 사기죄로 교도소에 갔단다.

영이 엄마는 너무나 상심해 마음의 병을 얻어 아침밥을 안 먹는 날이 많았다고 한다. 1년이 지났는데 영이 어머니가 자꾸 아프고 먹지 못하고 토하고 몸무게가 자꾸 줄어 병원에 가 검사하니 위암 말기라 수술해도 소용없다고 했다.

모두들 울며 위암에 좋다는 약초를 구해 달여 먹이고 간호했으나 두 달 만에 저 세상으로 갔다. 영이 엄마는 집안에서 살림만 하니 사기꾼이 많다는 것을 몰랐던 것이다.

지금도 영이 아빠는 그때의 충격과 검소함이 몸에 배어 40년 전 양복을 그대로 입고 휴지 한마디를 세 번 나눠 쓰는 버릇이 생겼단다. 영이 아빠는 즐기던 담배도 십 원 한 장이라도 아끼려고 단번에 금연했다.

물론 그 할아버지가 보여준 호의만으로 돈을 빌려 준

것은 아닐 것이다. 박봉인 처지에 높은 이자를 주겠다고 하니 눈앞의 실리에 쉽게 넘어갔을 것이다.

　삶이 그리 쉽기만 한 일이던가. 편하게 쉽게 이득이 되는 일은 다른 이유가 있게 마련이다. 예리하게 살펴봐야 한다.

　그렇다고 해서 덮어놓고 의심부터해서는 안 되니 사는 게 어렵다고 하는 모양이다.

이웃 이야기 · 6

사다리는 올라갈 때보다
내려오길 잘 해야 한다

　이명박 전 대통령이 서울시장에 당선 될 때 J 전 의원은 선거참모로 적극적인 역할을 해 당선을 도왔다.
　새누리당 시절 이명박과 박근혜가 대통령 후보로 경쟁했을 때도 적극적으로 이명박을 도왔다. J의원은 왕의 남자로서 역할이 눈부셨다.
　J의원은 특히 청계천 사업에서 빛이 났다. 청계천이 잡상인들로 아주 복잡해 다른 데로 옮기고, 깨끗한 물이 흐르는 시민의 휴식처로 바꾸는 사업을 성공적으로 이끌어냈다.
　J의원은 머리가 좋고 언변도 아주 좋았다. 공부를 잘 해 출세 길이 열렸지만 경제적으로는 매우 힘들었다.

배문중학교 때부터 그는 팝송을 많이 불렀는데 화장실에서 30분에서 1시간 정도 노래를 불렀다고 한다. 노래만 잘하는 게 아니라 공부 역시 아주 잘 했다. 1973년 경기고등학교에 들어갔고, 1976년 서울대학교에 합격했다. 서울대 재학시절에는 스피리트 오브 1999라는 락밴드를 결성하여 활동했다. 중고교 때도 오락부장이나 사회를 도맡아했고 대학생 때나 사회생활을 할 때도 술자리나 회식 때 언제나 사회를 맡아 분위기를 주도하는 스타일이었다고 한다. J의원은 서울대를 졸업하고 행정고시를 합격한 전형적인 엘리트 코스를 밟아나갔다.

평소 J의원은 권력의 사유화를 줄기차게 비판해왔다. 솔로몬저축은행 비리로 이상득 형과 같이 기소가 됐지만 2014년에는 대법원 판결에서 무죄를 선고받았다.

J의원은 이명박을 대통령으로 만들어놓자 자기도 한 자리를 할 줄 알았는데 이상벽, 이재오 의원의 개입으로 밀려나게 되었다. 특히 그 당시만 해도 음모론과 내부 고발자가 살아남는 시대다 보니 눈엣가시인 J의원의 존재를 그냥 두기 어려웠을 것이다. 솔로몬 사건에서 무죄가 증명되자 이명박 대통령이 부를 줄 알았는데 부름을 못 받았다. J의원은 박근혜가 대통령이 되었을 때도 대접을 못 받았다.

J의원이 유서 써놓고 나갔다는 부인의 신고로 수색이 시작되었고, 결국 인근 공원에서 숨진 채 발견되었다.

J의원은 2004년 17대 한나라당 국회의원을 시작으로 18대, 19대에서 잇따라 재선에 성공했다. 2016년 20대 총선에서 재선에 실패한 뒤 각종 TV 프로그램이나 라디오 프로그램 등에 출연해 정치 평론가로도 활발한 활약을 했다.

J의원은 사다리를 타고 잘 올라가서 그만 탁 걷어차 버린 것이다. 항상 꽃길을 걸을 거라고 큰소리 쳤는데 모든 게 뜻대로 안 돼 마음에 병이 든 모양이다.

63세인 J의원은 작년에 재혼해서 꿈같은 생활을 하고 있었다. CD를 2장이나 내는 등 가수 활동까지 한 팔방미인이었다.

그렇지만 마음속엔 욕망이 꽉 차있어 자기만족이 없었을 듯하다. 결국 우울증에 걸려 자살로 생을 마감하고 말았다. 안타까운 일이다.

사다리는 올라갈 때보다 내려올 대에 더 조심하여 잘 내려와야 한다. 소소한 일상에서도 행복을 느끼면서 조그만 일도 만족하며 살아가는 것이 좋겠다는 생각을 다시 하게 되는 날이다.

예수님 동행일기

교회에서 열리는 세미나를 갔다.

'하나 되게 하소서' 35회 초교파 女평신도회 연합회가 주최하는 것이었다.

선한목자교회 유기성 목사님이 설교를 맡았다. '예수동행일기를 통해 누리는 예수님과의 24시간 친밀한 동행'이라는 제목이었다.

예레미아 2 : 13 "내 백성이 두 가지 악을 행하였나니 곧 그들이 생수의 근원이 되는 나를 버린 것과, 스스로 웅덩이를 판 것인데 그것은 그 물을 가두지 못할 터진 웅덩이들이니라."

이 말씀이 특히 마음에 와 닿았다.

예수 그리스도 행복의 시작에서 성령께서 지금 우리에게 물으신다.

"네 안에 사는 이가 누구냐?"

한때 하나님을 뜨겁게 사랑하고 헌신적이었던 어느 목사님이 마지막에 타락한 모습으로 사역을 마친 사례를 말씀하셨다. 그것은 실제로 행하시는 주님을 바라보지 못했기 때문일 터다.

예수 동행일기는 성도들이 은혜 안에 거하도록 서로 도와주는 끈 역할을 한다. 우리의 예수님이 마음에 임해야 한다. 그러기 위해서는 예수를 주라 시인하기, 하나님을 아버지라 부르기, 하나님의 은혜를 깨닫기, 우리가 서로 사랑하기, 마음에 성령의 책망을 느끼기, 복음을 전하기, 하나님을 향한 소원이 마음에 생기도록 하기 등이다.

또 예수님이 우리 안에 거하신 목적은 예수님을 믿는 것이다. 믿으면 삶이 변화된다. 매일 일상에서 주님과 동행하는 훈련을 하기 위해선 예수동행일기를 쓰는 것이 매우 좋다. 그러면 엄청난 체험이 일어날 것이다.

내 마음에 정원을 가꾸려면 마음이 중요하다.

주님과 친밀히 동행하는 데도 마음이 중요하다. 우리가 예수님을 만나고 친밀히 교제하는 곳은 마음이다. 그 마음을 인도하시는 분은 주님이시다. 우리가 이처럼 마음을 소중히 여겨야 함에도 지금까지는 마귀가 마음의 주인이 되었던 것 같다.

당신의 마음 밭은 어떤 상태인가?
예수님을 마음에 영접해야 항상 주님을 생각하며 사는 삶이 된다. 주님을 마음에 품고 살아야 한다.

매일 꾸준히 기도하자.
성령의 열매가 빚어지는 사람이 진정 거듭난 자요, 예수님의 사람이다.

어떻게 해야 알고 있는 말씀대로 살 수 있나요?
성령의 열매로 말씀대로 살아가는 삶이어야 한다. 예수님을 계속 바라본다는 것은 포도나무이신 예수님과 계속 연합한 상태, 즉 예수님의 생명을 누리고 예수님과 깊은 친밀감을 누리는 것이다.

'24시간 예수님과 동행'의 핵심은 변화의 열매를 지속

성 있게 맺어야 한다는 것이다. 우리가 해야 할 일은, 예수님을 마음에 모시고 사는 것이다. 24시간 예수님을 바라보고 순종하는 것이다.

 어느 아주머니는 자식이 셋이다. 맏이가 유학을 갔는데, 외로울 때 개를 키우고 싶어 해서 그렇게 하라고 했다. 10년이 지나 한국에 올 때 그 개도 데려오려고 했다. 안 된다고 했더니 외삼촌 집에 갖다놓고 몰래 키우더라는 것이다. 자기는 개를 너무 싫어하는데 자식은 너무 좋아하니 마찰이 잦았단다.
 이 문제는 좋고 싫음의 문제이지 옳고 그름의 문제가 아니니, 자식이 원하는 바를 받아들일 수 있는 열린 마음이 되도록 도와달라고 하나님께 매달렸다. 그리고는 애들한테 개를 집으로 데려오라고 했다. 맏이는 엄마의 말을 미심쩍어했으나 이내 진심임을 알았다. 그렇게 해서 집안에 평화가 찾아왔단다.

 나도 힘겨울 땐 겸허하고 진솔하게 하나님께 기도하는 습관을 길러야겠다.

수덕사와 예당호 출렁다리

밤새 걱정이 되었다.

대불복지관에서 주관하여 예산으로 문화답사를 가야 하는데, 간밤에 태풍 '미탁'이 우리나라에 상륙해 남부지방을 지나갔다. 흐리고 비가 내렸다. 바람도 많이 불더니 새벽이 되어서야 태풍이 잦아들었다. 날이 밝아오니 다행히 날씨가 맑아지기 시작했다.

아침 일찍 친구와 같이 복지관 앞 GS주유소로 가니 벌써 버스가 와 있었다. 이송자 씨가 자릴 잡아줘 앞자리에 앉았다. 모두들 지난 밤 태풍 때문에 잠을 설쳤단다. 회장은 책임감 때문에 걱정을 더 많이 했는지 눈이 빨갰다. 그래도 여행가는 마음이 설레 모두들 웃음꽃이 피었다.

  충청도로 가는 길엔 언제 비가 왔냐는 듯 해가 나서 초목이 더욱 푸르렀다. 차창 밖 싱그러운 풍경이 휙휙 지나갔다.

  충청남도 예산군 덕산면에 있는 덕숭산 수덕사로 들어가는 길목에는 소나무가 아주 많아 그늘이 좋았다. 공기도 맑아 상쾌했다. 덕숭산은 호서(湖西)의 금강산(金剛山)이라 불리는 곳으로 산중턱에 수덕사가 있었다.

  수덕사는 우리나라에 현존하는 최고의 목조건물 중 하나로, 삼국시대 백제 말에 창건된 사찰이다. 국보 제49호인 대웅전을 비롯하여 앞마당에 있는 삼층석탑, 대웅전 내부의 고려벽화, 정혜사로 가는 중에 만공이 건립한 25척의 석불로서 머리에 이중의 갓을 쓰고 있는 미륵불입상(彌勒佛立像)과 만공을 추도하기 위해 세운 만공탑(萬空塔) 등 많은 보물이 있다.

  이외에도 수덕사에서 소장하고 있는 문화재로는 노사나불괘불탱(蘆舍那佛掛佛幀, 보물 제1263호), 만공탑(滿空塔, 충청남도 문화재자료 제181호), 칠층석탑(예산군 문화재자료 제181호), 근역성보관(槿域聖寶館)에

소장된 거문고(예산군 문화재자료 제192호) 등이 있다.
'근역성보관'이란 명칭은 만공스님께서 1945년 8월 15일 해방의 기쁨과 세계 평화를 기념하는 뜻으로 무궁화 꽃잎에 먹을 묻혀 쓴 '민족정신문화의 모음처'라는 의미가 담겨 있다.

 수덕사는 가수 송춘희가 부른 '수덕사의 여승'이란 노래 때문에 더 유명해졌다.
 수덕사라고 하면 이 사찰과 관련된 세 사람의 신여성에 관한 일화 또한 유명하다.
 암울했던 일제 강점기 때, 시대를 앞서간 세 신여성은 우리나라 최초의 대중가요로 불리는 '사의 찬미'로 유명한 윤심덕과, 우리나라 최초 여류화가이며 문장가인 나혜석, 비구니이자 시인으로 유명한 김일엽이다. 이들은 조선 남존여비의 실체가 그대로 존재하던 시기에 시대의 관습이나 요구를 단호히 거부하고 불꽃처럼 살며 사랑과 예술을 위해 목숨을 건 여인들이다. 나혜석은 사랑에 버림받았고, 윤심덕은 현해탄에서 사랑과 함께 했으며, 김일엽은 스스로 사랑을 버렸다.
 김일엽은 춘원 이광수가 그녀의 아름다운 필체에 반해 지어준 이름이다. 그런 사연 때문인지 둘 사이의 스캔들이 장안에 화제가 되기도 했다. 김일엽은 연애대장이라는 별명을 붙었을 정도로 자유분방하게 살아갔다. 진취적인 자신의 삶을 여성운동으로 승화시켜 '자유연애론'과 '신 정조론'을 주장했다. 그녀가 80여 년 전 주장했던 신 정조론을 보면 '남녀가 서로 사랑을 나누었다는 것이 문제될 것은 없다'였다. 첫 결혼에 실패한 일엽은 한국 최초의 여자 유학생인데, 일본으로 가서 일본 유명한 집 아들과 사랑을 나누다 아들을 낳고 집안의 반대로 헤어져 불자의 몸이 되었다.

예산에는 유명한 예당호가 있다. 여의도 면적의 3.7배로 우리나라에서 가장 큰 저수지다. 그 예당호의 출렁다리는 각별하다. 긴 다리 자체의 위용은 물론 볼거리가 많고, 다리 위에 서면 예당호와 예산을 한눈에 볼 수 있기 때문이다.

예당호 출렁다리는 2019년 5월26일 개통했는데 그로부터 51일 만에 100만 명이 방문했단다. 성인 3,150명이 건널 수 있어 '지금까지 이런 출렁다리는 없었다. 다리인가 길인가' 하며 모두들 입을 벌렸다. 이 다리는 우리나라에서 제일 긴 출렁다리로 길이 402m에 폭 5m로 건설된 현수교로 초속 35m/s의 강풍과 진도 7의 강진(1

등급)에도 견딜 수 있게 설계 됐단다. 안전을 고려해 오전 9시부터 오후 10까지만 이동할 수 있다고 했다.

출렁다리는 아찔한 높이에서 내려다보는 계곡물과, 그 위에서 내딛는 발걸음 때문에 어떤 놀이기구보다 인기가 많았다. 난간을 붙잡고 겨우 가거나 아예 기어가는 사람도 심심찮게 볼 수 있었다. 스릴 만점이었다.

출렁다리에 서니, 예당호가 얼마나 멋진 수변 경관을 갖고 있는지, 호수의 수몰 나무들이 얼마나 회화적인지 다시 한 번 감탄하게 되었다. 맑은 공기, 반짝이며 빛나는 태양, 예당호 출렁다리는 전국에서 모여든 사람들 때문에 쉴 새 없이 출렁대고 있었다.

어스름한 저녁, 집으로 돌아오는 길. 해는 서산으로 지고 있고, 어느 집에선가 연기가 피어오르고, 멀리 동쪽 하늘엔 실눈썹 같은 달이 걸려있었다. 달리는 버스 때문에 가로수는 뒤로 뒤로 빠르게 사라져갔다.

버스 안은 아줌마들의 막춤판이 벌어졌다. 생의 마지막 날인 양 몸을 흔들어 그 시간을 하얗게 불태웠다. 모두들 흥겨운 하루였다.

큰 바위 얼굴 조각공원

 복지관 '힘찬 대학'에서 충북 음성군에 있는 '큰바위얼굴 조각공원'에 갔다.

 6만 평 대지 위에 3천 여 개의 돌조각들이 듬성듬성 놓여 있었다. 세계 180여 개 국의 대종교가, 정치지도자, 발명가, 작가, 철학자, 탐험가, 혁신가, 스포츠인, 노벨 수상자, 그리고 우리나라 역대 대통령들의 흉상 등을 총망라 해놓았는데, 돌을 떡 주무르듯 만든 것을 보니 감탄이 절로 났다.

 해설사의 설명을 들으니 입을 다물 수 없을 정도였다. 인류의 운명을 좌우했거나 문명의 융성이나 소멸에 영향을 끼쳐 역사의 방향을 바꾼 인물들을 총망라했으니 말이다.

유례없이 방대하고 웅장한 조각공원이었다. 해설사한테 어떻게 이 크고 많은 것들을 조각했느냐고 물었다. 우리나라에는 큰 돌이 없어서 중국에 조각대학을 설립하여 그 학교 학생들이 조각한 것을 배로 실어왔단다.

조각공원 설립자는 공원 옆에 있는 정신병원 원장이라고 했다. 오늘을 사는 사람들에게 희망과 교육적인 비전을 제시하기 위해 건립했다고 한다. 또한 정신병원 주변을 공원으로 조성함으로써 정신병원에 대한 어두운 이미지와 편견을 불식시키고 환자들의 정서함양과 치료에 도움을 주겠다는 목적도 겸했다고 한다. 그는 인물들의 형상을 후세에 남기려면 다른 재질보다는 돌이 썩지 않고 불에 타지도 않아 영원하다는 것에 착안하여 만들었다고 한다.

제일 인상 깊게 보았던 것은 박근혜 전 대통령이었다. 양장을 하고 핸드백을 들고 굽 있는 구두를 신고 웃고 있는 모습이었다. 박근혜 전 대통령 형상을 보니 마음이 아프고 착잡하기도 하여 참으로 많은 생각을 하게 되었다.

또 인상 깊었던 것은 미국의 작가 헤밍웨이의 흉상이었다. 『누구를 위하여 좋은 울리나』 『노인과 바다』를 써서 노벨상을 탔다. 『누구를 위하여 좋은 울리나』는, 미국 대학교수인 로버트 조단이 스페인 내전에 참여하여 철도 폭파 임무를 띠고 유격대에 합류했다가 아름다운 스페인 여성을 만나 사랑을 하게 되었다는 이야기다. 로버트 조단은 임무도 성공적으로 끝내고 사랑도 깊어진다는 내용으로 3일 간의 전쟁실화를 그린 작품이다. 그 사랑을 두고 로버트 조단은 "만약 내 인생의 70년을 팔아 3일간의 70시간을 산다 해도 아까울 것이 없다."는 말을 했다. 그녀를 탈출시키고 적군의 총에 맞아 쓰러지면서도 다친 다리를 만지면서 하나님께 이렇게 기도했다.

"그녀를 먼저 탈출시키게 해주셔서 기쁩니다."

전쟁은 어느 시대에나 일어난다. 그러나 무엇 때문에 싸워야 하는 것일까, 과연 누구를 위하여 좋은 울리는 것일까, 한 번 더 전쟁에 대해 생각해 보았다.

영국의 스티븐 호킹 박사의 흉상에도 눈길이 갔다. 해설자의 말에 의하면 호킹 박사는 루게릭병을 앓아 걷지도 말하지도 쓰지도 못하고 음식을 삼킬 수도 없으며 휠체어에 몸을 의지한 채 살았다. 세계적으로 뛰어난 물리학자였다. 첫째 부인은 문학소녀였고 자기를 간병해 준 간호사였다. 그런데 움직이지도 못 하는 박사를 때리기 일쑤였다. 젊은 가정교사와 눈이 맞자 보다 못한 주위 사람들이 이혼을 시켰다고 했다. 둘째 부인도 간병인이었는데 처음엔 헌신적으로 돌봐주었지만 세월이 흐르자 결국 딴 남자를 사랑하게 되었다고 했다. 그런 이야기를 들은 후 호킹 박사가 올해 3월 14일 유명을 달리했다는 얘기를 들으니 참으로 숙연한 마음이 들었다.

 해설사의 구수한 해설을 들으면서 조각공원을 찬찬히 돌아보았다. 하지만 짧은 시간에 너무나 많은 인물들을 만나보니 가슴 벅차기도 하고 마음이 아리기도 하고 숙연해지기도 하는 등 큰 감동의 물결에 휩쓸린 것 같았다.
 이 공원이 우리나라뿐만 아니라 세계에 널리 알려져 감동을 공유하는 공간이 되었으면 좋겠다.

생의 봄동산에 다시 선 어느 퇴직교사의
세상읽기, 마음읽기, 관계읽기

다시 봄동산에 서다

2020년 6월 8일 인쇄
2020년 6월 15일 발행

지은이 / 이순옥
펴낸이 / 손희경
펴낸곳 / 책마을
등록제 342-2007-00005호

주소 / 서울시 중구 마른내로6길 32 2층
　　　　(인현동2가 189-24)
전화 (02) 2272-9113, 010-7162-5344
FAX (02) 2263-9725
E-mail / moonin02@hanmail.net

값 15,000원

ⓒ이순옥
ISBN 978-89-93329-35-3

이 책의 무단전재 및 복제행위는 저작권법에 의거, 처벌의 대상이 됩니다.

> 이 도서의 국립중앙도서관 출판예정도서목록(CIP)은
> 서지정보유통시스템 홈페이지(http://seoji.ni.go.kr)국가자료공동목
> 록시스템(http://www.nl.go.kr/kolisnet)에서 이용할 수 있습니다.
> (CIP제어번호 : 2020021138)